Rudolph Weigel

Katalog mehrerer zum Teil hinterlassenen Sammlungen von

Kupferstichen,

Radierungen, Handzeichnungen etc

Rudolph Weigel

Katalog mehrerer zum Teil hinterlassenen Sammlungen von Kupferstichen,
Radierungen, Handzeichnungen etc

ISBN/EAN: 9783743436657

Hergestellt in Europa, USA, Kanada, Australien, Japan

Cover: Foto ©Thomas Meinert / pixelio.de

Manufactured and distributed by brebook publishing software
(www.brebook.com)

Rudolph Weigel

Katalog mehrerer zum Teil hinterlassenen Sammlungen von Kupferstichen,

RUDOLPH WEIGEL'S KUNST-AUCTION.

CATALOG

mehrerer zum Theil hinterlassenen Sammlungen

von

Kupferstichen,

Radirungen, Handzeichnungen etc.

welche

Montag den 11. December 1865

und folgende Tage

zu Leipzig

im R. Weigel'schen Kunst-Auctions-Lokal, Königsstr. No 1

durch

Herrn Raths-Proclamator Engel

gegen baare Zahlung in Courant öffentlich versteigert werden.

Leipzig,
Druck von Bär & Hermann.
1865.

Leipziger Kunstauction.

Der Unterzeichnete übernimmt und besorgt den Verkauf sowohl grosser Sammlungen als kleiner Beiträge von Kupferstichen, Handzeichnungen, Oelgemälden, Kunstbüchern etc. durch Auctionen, welche unter seiner Garantie von dem verpflichteten Proclamator abgehalten werden. Das Vertrauen, welches während fünfundsiebzig Jahren Käufer und Verkäufer den von ihm und seinen Vorfahren veranstalteten Auctionen schenkten, beruht vor allem auf der gewissenhaften Anfertigung der Cataloge und pünktlichen Ausführung der Aufträge. Diejenigen öffentlichen Kabinette und Kunstfreunde, welche Doubletten oder Sammlungen versteigern lassen wollen, belieben sich der Bedingungen wegen an ihn zu wenden.

Rudolph Weigel.

Zur gef. Beachtung.

Die Versteigerung geschieht **gegen baare Zahlung** und werden die auswärtigen Käufer ersucht, ihre Commissionaire mit Baarkasse zu versehen.

Aufträge erbittet man sich spätestens 8 Tage vor der Versteigerung, doch macht man aufmerksam, dass denselben entweder ein Theil des muthmasslichen Erstehungsquantums baar oder Accreditive auf hiesige Banquierhäuser beizufügen sind, oder auch dass durch Postvorschuss der Betrag des Erkauften nachgenommen werden darf, ohne welche Sicherheitsstellung jene unberücksichtigt gelassen werden.

Es wird ferner ersucht, die Preise bei den Aufträgen genau zu bestimmen, da es bei den vielen Commissionen zu oft in Verlegenheit führt, wenn approximative Gebote gethan werden; wenn ein Gebot um wenige Groschen nicht überschritten worden, ist keineswegs anzunehmen, dass es der Auftraggeber deshalb erlangt haben würde, sondern dass höhere Limiten vorlagen, und versteht es sich ohnehin von selbst, dass derjenige welcher das höchste Gebot gethan, die betreffende Nummer auch nur erhalten und verlangen kann.

Nachstehende Buch- und Kunsthandlungen übernehmen Aufträge:

Aachen	Cremer'sche Buchhandlung.
Altenburg	O. Bonde. Schnuphase'sche Buchhandlung.
Altona	A. Lehmkuhl & Comp.
Amsterdam	F. Buffa & fils. — J. H. A. Jonkers. Joh. Müller.
Arnsberg	W. von Schilgen
Augsburg	Fid. Butsch Sohn. — F. Ebner.
Baireuth	C. Giessel.
Bamberg	Buchner'sche Buchhandlung.
Basel	H. Amberger. H. Fischer & Co. J. L. Fuchs & Co. Rud. Lang. — Neukirch'sche Buchhandlung.
Berlin	Amsler & Ruthardt. — Besser'sche Buchhandlung. — A. Edinger. C. G. Ende. Enslin'sche Buchhdlg. — L. E. Lepke. E. Mecklenburg. — Mittler'sche Sort.-Buchhandlg. Nicolai'sche Sort.-Buchhandlg. Oehmigke's Buchhdlg. Gebrüder Rocca. H. Sagert & Comp., Leipziger Strasse 132. Schneider & Comp. — E. H. Schroeder. J. A. Stargardt.

Bernburg	A. Schmelzer.
Bonn	M. Cohen & Sohn. — A. Henry. — A. Marcus.
Braunschweig	Alf. Bruhn. — G. C. E. Meyer sen.
Bremen	A. D. Geisler'sche Buch- u. Kunsthdg. — J. G. Heyse's Sort.-Buchh. (C. E. Müller). — H. L. J. Kraus. — Kühtmann & Comp. — H. Strack.
Breslau	Gosohorsky's Buchhdlg. — F. Hirt. — W. G. Korn. — J. Max & Comp. — Trewendt & Granier.
Brüssel	Goupil & Co. — C. Muquardt.
Cassel	Bertram'sche Buchhdlg. — H. Jungklaus.
Coburg	Meusel & Sohn.
Cöln	Du Mont-Schauberg'sche Buchh. — J. M. Heberle — Joh. Heinrigs. — J. J. Pricken, Kunsthdlg. — Kommerskirchen's Buchh. — Schmitz's Sort.-Buchh.
Copenhagen	G. E. C. Gad. — Th. Lind. — C. C. Lose — C. A. Reitzel's Buchh.
Cracau	D. E. Friedlein.
Crossen	P. Ehrlich & Comp.
Danzig	Th. Bertling. — L. G. Homann's Buchhandlung. — B. Const. Ziemssen.
Dorpat	E. J. Karow.
Dresden	E. Arnold. — A. Apell. — Fr. v. Boetticher. — E. Geller. — F. C. Janssen. — Proclamator Friedr. Rud. Meyer. — A. Reichel. G. Schönfeld — Rich. Zeune, Räcknitzplatz Nr. 9.
Düsseldorf	Ad. Gestewitz. — A. W. Schulgen. — Ed. Schulte.
Elbing	Neumann-Hartmann.
Erfurt	C. Villaret.
Florenz	L. Bardi.
Frankfurt a. M.	Jos. Baer. — Isaak St. Goar. — H. Keller. — F. A. C. Prestel. — A. Voemel. — K. Th. Völcker.
Frankfurt a. d. O.	G. Harnecker & Comp.
Gent	C. Muquardt.
Görlitz	C. A. Starke.
Gotha	E. F. Thienemann.
Göttingen	Dieterich'sche Buchhandlung.
Haag	M. Nijhoff. — A. G. de Visser.
Hagen	Gust. Butz.
Halle	Lippert'sche Buchhdlg. — H. W. Schmidt's Sort.-Buchhdlg.
Hamburg	B. S. Berendsohn. — Commeter'sche Kunsth. (W. Becker). — Hoffmann & Campe. — Makler C. Meyer. — Perthes, Besser & Mauke.
Hannover	Hahn'sche Hofbuchhdlg. — Helwing'sche Hofbuchhdlg. — Gustav Krüger. — V. Lohse. — H. Oppermann. — C. Schrader's Nachfolger.
Heidelberg	K. Groos.

Innsbruck	F. Unterberger.
Kiel	Th. Kloso. — Schwers'sche Buchhandlung. — Universitäts-Buchhandlung.
Königsberg in Pr.	Bon's Buchhandlung. — Gräfe & Unzer. — Hübner & Matz.
Leyden	E. J. Brill.
Lippstadt	A. Staats.
London	M. Holloway. — D. Nutt. — Williams & Norgate.
Lübeck	Dittmer'sche Buchh. — von Rohden'sche Buchh.
Lüttich	Ch. Gnusé. — Ch. van Marck.
Magdeburg	E. Baensch. — F. Kaegelmann.
Mailand	T. Laengner.
Mainz	G. Frommann. — V. v. Zabern.
Mannheim	Artaria & Fontaine.
Minden	Keiser & Comp. — A. Volkening.
München	J. Aumüller. — Max Brissel. — F. Gypen. — Mey & Widmayer. — L. A. v. Montmorillon. — Antiquar Dr. G. K. Nagler. — M. Ravizza.
Münster	Coppenrath'sche Buchh. — Theissing'sche Buchh.
Neapel	A. Detken.
Neisse	J. Graveur. — R. Hinze.
Neustrelitz	G. Barnewitz.
Nordhausen	Oscar Eigendorf.
Nördlingen	C. H. Beck'sche Buchhandlung.
Nürnberg	F. Heerdegen. — Antiquar Lorenz Krausser. — Riegel & Wiessner. — W. Schmid'sche Buch- u. Kunsthdlg. — H. Schrag'sche Buch- u. Kunsthandlung. — J. A. Stein.
Oldenburg	Schulze'sche Buchhandlung. — G. Stalling.
Paderborn	W. Crüwell. — F. Schöningh. — J. Wesener. — L. D. Winkler.
Paris	Clement. — A. Franck. — Guichardot. — A. W. Schulgen. — E. Tross.
St. Petersburg	C. Röttger, kaiserl. Hofbuchhdg. (H. Schmitzdorff.) — Bol. Moritz Wolff.
Posen	J. Lissner.
Prag	K. André. — Calve'sche Buchhandlung. — Ehrlich's Buchhandlung. — F. Rziwnatz.
Regensburg	A. Coppenrath. — G. J. Manz.
Rendsburg	F. A. Oberreich's Buchhandlung.
Riga	N. Kymmel.
Rostock	Stiller'sche Hofbuchhandlung.
Rotterdam	Ad. Baedecker.
Saarbrücken	C. Möllinger.
Schaffhausen	Hurter'sche Buchhandlung.
Schweidnitz	L. Heege.
Schwerin	A. Hildebrand. — Stiller'sche Hofbuchhandlg.
Sondershausen	G. Bertram.
Stettin	Th. von der Nahmer. — F. Nagel.
Stockholm	A. Bonnier. — Levertin & Sjoestedt. — Samson & Wallin.
Stralsund	C. Hingst.

Strassburg	J. Noiriel. — Treuttel & Würtz.
Straubing	Schorner'sche Buchhandlung.
Stuttgart	A. Liesching & Comp. — J. Weise.
Triest	H. F. Münster. — H. F. Schimpff.
Tübingen	L. F. Fues'sche Buchhandlung.
Turin	Herm. Loescher.
Utrecht	T. de Bruyn. — W. F. Dannenfelser. — Kemink & Sohn
Venedig	H. F. & M. Münster.
Verona	H. F. Münster.
Warschau	A. Gebethner & Wolff. — H. Natanson.
Weimar	W. Hoffmann.
Wien	Artaria & Comp. — C. Gerold's Sohn. — Lechner's Universitäts-Buchhandlung. — Miethke & Wawra. — L. T. Neumann. — F. Paterno. — F. O. Sintenis.
Wriezen	E. Roeder.
Würzburg	Stahel'sche Buchhandlung.
Zürich	Cramer & Lüthi. — F. Hanke. — S. Höhr. — F. Schulthess.

In **Leipzig** übernehmen Aufträge:

Die Herren Kunsthändler C. G. Börner und W. Drugulin. — Herr Proclamator H. Engel. Die Herren Buchhändler H. Fritzsche, H. Hartung, Kirchhoff & Wigand, K. F. Köhler, R. Kössling, List & Francke, C. H. Reclam sen. — Herr Kunsthändler L. Rocca. — Die Herren Buchhändler O. A. Schulz, F. Voigt, L. Voss, T. O. Weigel. — Die Herren Antiquitätenhändler Zschiesche & Köder und der Unterzeichnete:

Rudolph Weigel.

Nach jeder dieser Kunstauctionen sind gedruckte **Versteigerungspreislisten** für 2½ Ngr. zu haben.

Radirungen.

G. Adam.
1. Eine Einsiedelei in Tirol. qu. 8.

J. van Aken.
2. Felsige Gebirgslandschaft mit Fluss, Häusern und figürlicher Staffage. H. Sachtleven inv. qu. fol. B. 18. Zweiter Druck mit N. Visscher's Adresse.

Th. Aligny.
3. 2 Bl. Ansichten von Athen, und von Attika. gr. qu. fol. Auf chines. Papier. Nebst einem Textblatte.

J. F. Beich.
4. 8 Bl. Die Folge der gebirgigen Landschaften in die Höhe. fol. Zwei Blatt doppelt. Einige etwas fleckig. Mit wenig Rand.

St. della Bella.
5. 9 Bl. Landschaften mit reicher Staffage. 4 Bl. Calvalcaden, ein Seegefecht und eine Schlacht. qu. fol. u. fol. Aus verschiedenen Folgen. Einige Blätter ausgebessert.

N. Berghem.
6. Der die Flöte spielende stehende Hirt, vom Rücken gesehen. kl. fol. B. 6. Zweiter Abdruck mit N. 51.
7. Der auf dem Brunnen sitzende, die Flöte spielende Hirt. fol. B. 8. Guter zweiter Abdruck mit de Witt's Adresse. Beschädigt und fleckig.
8. 6 Bl. Die Folge mit dem singenden Hirten. qu. 8. B. 29—34. Gute dritte Abdrücke mit de Witt's Adresse.

E. F. de Block.
9. 2 Bl. Inneres einer Bauernstube, und ein junges Mäd-

chen mit einem Schuhmacher in Unterredung vor einem Fenster. gr. 8. gr. qu. 8. Matt.

J. J. de Boissieu.

10. Die Kugelspieler bei dem alten Thor von Vaize in Lyon. qu. fol. Rigal 10. Alter Abdruck. Knapp an der Platte beschnitten.
11. Ländliche Scene. Rechts im Vordergrunde Gruppe von Landleuten unter einem Baum. qu. fol. R. 12. Ebenso.
12. Der sitzende greise Bettler mit dem Hut auf den Knien. fol. R. 17. Später Abdruck. Auf chines. Papier.
13. Die Schulstube. Links am Fenster sitzt ein alter Schulmeister. qu. fol. R. 14. Ebenso. Auf chines. Papier.
14. Das ländliche Fest. qu. fol. R. 21. Ebenso.
15. Die Landschaft mit dem Vestatempel. qu. fol. R. 34. Schöner alter Abdruck.
16. Vue du pont Lucano etc. qu. fol. R. 36. Ebenso.
17. Vue de l'ile Barbe, sur la Saône etc. qu. fol. R. 37. Ebenso.
18. Vue du pont et du château de Sainte-Colombe. qu. fol. R. 39. Neuer Abdruck auf chines. Papier.
19. Altes Wirthshaus am Ufer eines Flusses. qu. fol. R. 67. Schöner alter Abdruck mit Frauenholz's Adresse.
20. Ansicht von „Savigny." qu. fol. R. 69. Alter guter Abdruck.
21. Der Waldeingang. qu. fol. R. 71. Ebenso.
22. Studienblatt mit zwei Köpfen und zwei Halbfiguren. fol. R. 107. Alter Abdruck.
23. Die Mühle am Wasser. J. Ruisdael p. qu. fol. R. 135. Alter Abdruck.
24. Landschaft mit dem Kornfeld. Idem p. qu. fol. R. 137. Sehr schöner erster Abdruck. Jedoch fleckig und an der Darstellung beschnitten.
25. Gruppe von ruhenden Schnittern, hinter ihnen zwei Heu aufladende Bauern. A. van de Velde p. qu. fol. R. 139. Guter alter Abdruck.

S. à Bolswert.

26. 9 Bl. Landschaften mit Staffage nach P. P. Rubens. qu. fol. Meist gute alte Abdrücke. Aber ohne Plattenrand und auf starkes Papier aufgezogen. Meist mit der Adresse von Hendrix.

S. Bourdon.
27. Esurientes pascere. Abraham bewirthet die ihm weissagenden Engel. gr. qu. fol. Robert-Dumesnil 2. Schöner alter Abdruck. Etwas fleckig. Mit wenig Rand.

F. Bovie.
28. 4 Bl. Landschaften und Thierstücke. qu. 8.

P. Brinckmann.
29. Flusslandschaft mit Hütten und hohen Bäumen an den Ufern. qu. 4.

M. Bürmann.
30. Landschaft mit schönen Eichen. qu. fol.

M. de Bye.
31. 11 Bl. Thierstücke aus Folgen nach P. Potter. qu. 4. Ein Blatt doppelt. Zwei Blatt fleckig.
32. 8 Bl. Die Folge der Ziegen und Böcke. Idem inv. qu. 4. Bartsch 1—8. Erste Abdrücke mit Visscher's Adresse.
33. 16 Bl. Die Folge der Schafe. qu. 4. B. 79—94. Ebenso. Ohne Plattenrand.

A. van der Cabel.
34. Der heilige Hieronymus in felsiger Landschaft mit Fluss. gr. fol. B. 51. Erster Abdruck vor Audran's Adresse. Oben am Stichrand etwas verschnitten.
35. Die Landschaft mit der Viehherde. qu. fol. B. 26. Aus der Folge. Zweiter Abdruck. Am Plattenrand beschnitten und aufgezogen.

J. Callot.
36. 16 Bl. aus der Folge der Misères et Malheurs de la Guerre. qu. 8. Meaume*) 564, 65, 67—76, 78—81. Gute dritte Abdrücke. Einige beschädigt und fleckig.

B. B. Canaletto.
37. Perspective de la Façade de la Galerie royale à Dresde. qu. roy. fol. Alter Abdruck. Im äussern Rand beschädigt.

Aug. Carracci.
38. Die Versuchung des heil. Antonius. J. Tintoretto p. gr. fol. B. 63. Später Abdruck. Matt.

---

*) Recherches sur la vie et les ouvrages de J. Callot par E. Meaume. Paris 1860.

H. Carracci.

39. Susanne von den Aeltesten im Bade überrascht. fol. B. 1. Beschädigt und aufgezogen.

B. Castiglione.

40. Sitzender Satyr bei einer grossen Vase, neben welcher ein Schaf und Esel sichtbar. kl. qu. fol. B. 18. An der Darstellung beschnitten.

N. Charlet.

41. Stehender Jäger mit Flinte unterm Arme und Pfeife im Munde. fol. Auf chines. Papier, wie die Folgenden.
42. Wirthsstube mit vier Personen. 4.
43. Bauer mit grossem Stock nach rechts vor einem Tisch sitzend. 1828. 4. Im Rande stockfleckig.
44. Alter mit Stab, im Hintergrunde Jäger. 8.
45. Nach rechts sitzender Mann vom Rücken gesehen. Auberge de l'abeille. 4.
46. Knabe zu Pferd mit dem Wasser abschlagenden Mann. 4.
47. Alter Bauer der ein Pferd, worauf ein Knabe sitzt, zum Brunnen führt 1828. 4.
48. Studienblatt mit vier ganzen Figuren und zwei Köpfen. Bez. 1828. qu. 4.
49. Studienblatt mit sieben ganzen Figuren, fünf Köpfen etc. qu. fol. Im Rande stockfleckig.

D. Chodowiecki.

50. 12 Bl. Natürliche und affectirte Handlungen des Lebens. Auf zwei Bogen unzerschnitten. 8. Engelmann*) 319. Einige Blätter etwas stockfleckig. Ohne Plattenrand.
51. 12 Bl. Zur Geschichte des amerikanischen Freiheitskrieges. 8. E. 492. Zerschnitten.
52. 12 Bl. zu den Jägern von Iffland. 8. E. 559. Ebenso.
53. 12 Bl. zu Hölty's Elegie auf ein Landmädchen. 8. E. 726. Unzerschnitten auf einem Blatt.

C. Coypel.

54. Portrait von N. Aymon. Halbfigur en face. kl. fol. R.-D. 23. Schöner Abdruck. Ohne Plattenrand und aufgezogen.

---

*) D. Chodowiecki's sämmtliche Kupferstiche beschrieben von W. Engelmann. Leipzig 1857.

A. Cuyp.
55. 7 Bl. Folge von Kühen. Mit dem Titel. qu. 8.

H. Delarue.
56. 4 Bl. Reitergefechte aus der Folge. Schmal qu. 8.

C. W. E. Dietrich.
57. Der Weg in die Höhe. qu. 8. Linck 124.*) Zweiter Abdruck. Selten.
58. Das Bauernhaus mit Seitengebäude und hohen Bäumen. qu. 12. L. 125. Schöner zweiter Abdruck vor der Nummer. Selten.
59. Der Sibyllen-Tempel zu Tivoli. kl. 4. L. 157. Schöner erster Abdruck. Sehr selten. Oben verschnitten.
60. Thierstudienblatt mit Schafen und Ziegen. qu. 8. L. 175. Später Abdruck.

J. C. Dietzsch.
61. 7 Bl. Landschaften mit Staffage. 4. qu. 4. qu. fol.

H. Dillens.
62. 2 Bl. Historische Genrebilder zu Büchern. gr. 8. gr. qu. 8.

B. A. Dunker.
63. Inneres einer Bauernschenke mit rauchenden und zechenden Bauern. A. van Ostade p. qu. fol.

J. C. Erhard.
64. 2 Bl. Russisches Militär. Herzberg exc. kl. qu. fol. Ohne Plattenrand und etwas fleckig.
65. 12 Bl. inclusive Titel. Eine Folge von Landschaften und Militärstücken. 4. qu. 4. qu. 8.
66. 6 Bl. Folge von Landschaften. Radirte Blätter von J. C. Erhard. 1. Lfg. Frauenholz. Nrnbg. qu. 4. 4. Sehr schöne Abdrücke. Ein Blatt ausgebessert. In Umschlag.
67. 5 Bl. aus derselben Folge. Ein Blatt etwas beschädigt.

A. van Everdingen.
68. 20 Bl. Landschaften. Meist spätere Abdrücke mit hinzugefügten Lüften. Ein Blatt doppelt. 4. qu. 4. qu. 8.

---

*) Monographie der von C. W. E. Dietrich gefertigten malerischen Vorstellungen von J. F. Linck. Berlin, 1846.

H. Fock.
69. 7 Bl. Landschaften mit dem Titel: Zes Landschappen naar 't Leven geteekend etc. qu. 4.

H. Fragonard.
70. L'armoire. Die Entdeckung des Liebhabers im Kleiderschranke, von den wüthenden Eltern des danebenstehenden Mädchens. gr. qu. fol. Prosper de Baudicour 2.*) Guter Abdruck vor Naudet's Adresse. Selten. Mit wenig Rand.

J. Fratrel.
71. St. Nikolaus theilt einem unglücklichen Vater und dessen drei Töchtern Geld aus. qu. fol. Pr. d. B. 3. Alter Abdruck der ersten Platte. Knapp an der Platte beschnitten.

H. Füger.
72. 3 Bl. Kopf- und Figurenstudien. 4. qu. 4.
73. 3 Bl. Zeus und Semele, Allegorie auf die Malerei und Semiramis am Spiegel. 4. qu. 4.
74. Moses und Aaron. fol.

J. Gauermann.
75. 2 Bl. Gebirgslandschaften mit Staffage. qu. 4.
76. 2 Bl. Dieselben. Ebenso.
77. Viehheerde mit Hirten auf einer Anhöhe. M. v. Molitor inv. qu. fol.
78. 2 Bl. Grosse baumreiche Gebirgslandschaften mit vieler Staffage. qu. fol.

F. Geissler.
79. Flusslandschaft mit Bäumen und Staffage. Rembrandt p. qu. 4. Aetzdruck.

J. Gensler.
80. Friedhof mit grossen Bäumen und Kirche, nach welchem ein Leichenzug führt. Hamburger Kunstvereinsblatt. qu. fol. Abdruck auf chines. Papier.

S. Gesner.
81. 8 Bl. Baumreiche Landschaften mit Staffage, aus der Folge. qu. fol.

---

*) Le Peintre-Graveur Francais par Posper de Baudicour. Paris, 1859.

R. van Haanen.
82. Flussansicht mit Kähnen, bei Mondschein. qu. fol. Radirt und Aquatinta. 1849.

L. E. Grimm.
83. Brustbild des kgl. bair. Husaren-Obristen Graf Hegnenberg. Oval. 4. Selten.
84. 2 Bl. Brustbild einer kurhessischen Bauerfrau. Studie von zwei Schwarzen und einem Türken. qu. 4.

P. Heinel.
85. Der Dudelsackbläser. 4.
86. Sennerin mit Ziegen. qu. 4.
87. Die beiden sitzenden Bauermädchen. qu. 4.
88. Der Marktbauer mit dem Hahne. 4.

F. Helmsdorf.
89. 5 Bl. Landschaften mit Staffage vom Ober- und Unter-Rhein. Ein Blatt doppelt, mehr und weniger vollendet. gr. qu. 8. Selten.

C. E. C. Hess.
90. Christus im Tempel unter den Schriftgelehrten. G. Honthorst p. gr. fol. Ein Hauptblatt.

P. Huet.
91. Einsam am Wasser stehende Eichen, im Hintergrunde Wald. qu. fol. Chines. Papier.
92. Ansicht einer Stadt, von einer Anhöhe aus aufgenommen. qu. fol. Ebenso.

J. Huchtenburgh.
93. Das grosse Reitergefecht, mit der Dedication an Herzog von Enghien. A. T. van der Meulen inv. qu. roy. fol. B. 46. Mit wenig Rand. Risse unterlegt.

C. J. R. Jacobi.
94. Zwei Mädchen mit Ziege in Landschaft. Mit Randzeichnungen im Plattenrand. 4. Selten.

Ch. Jacque.
95. 12 Bl. Folge incl. Titel. Genre und Landschaften mit Staffage. 8. qu. 8. Chines. Papier.

J. A. Klein.
96. Das Schiffzugpferd, angeschirrt. qu. 4. Jahn. 77.*) Schöner zweiter Abdruck. Etwas fleckig.

---
*) Das Werk von J. A. Klein, beschrieben durch C. Jahn. München 1863.

97. Slawakische Heubauern mit Heuwagen und drei fressenden Pferden. Schmal qu. 4. J. 107. Schöner zweiter Abdruck.
98. Dasselbe. III. Abdruck.
99. Oesterreichische Kohlenbauern. qu. fol. J. 109. II. Abdruck.
100. Slawakisches Fuhrwerk. qu. fol. J. 110. II.
101. Titelblatt zu den Fuhrwerken, darauf ein Bauer mit Pferd und Wagen. qu. fol. J. 111. II.
102. 12 Bl. Thierstudien etc. mit Staffage. Folge in gedrucktem Umschlag, als vierte Lfg. aus Frauenholz' Verlag. qu. 4. J. 123—134. II. III.
103. 12 Bl. Dieselbe Folge. Ohne Umschlag. II. III. Einige Blätter stark beschnitten.
104. 6 Bl. Oesterreichisches Militär. qu. fol. J. 143—148. II.
105. Die beiden Kosakenpferde im Hof. qu. fol. J. 214. II.
106. Die Küche vor dem Zelt. qu. fol. J. 216. II. Fleckig und nahe am Plattenrande beschnitten.
107. Die österreichischen Kanoniere. qu. fol. J. 218. II. Nahe an der Platte beschnitten.
108. Die Schafschur. qu. fol. J. 223. II.
109. 4 Bl. Die römischen Radirungen. qu. 8. qu. 4. J. 246—249. II. Beschädigt.
110. Der römische Ochsentreiber. kl. qu. 4. J. 262. II.
111. 6 Bl. Die Thierstücke aus Arnold's Verlag in Dresden. qu. fol. J. 277—282. Mit gedrucktem Umschlag. III. u. IV.
112. In Genzano bei Rom. qu. fol. J. 310. IX.
113. Die Ziege mit den beiden Zicklein. kl. qu. fol. J. 327. III. Auf Chines. Papier.
114. A Napoli. Pferde in der Schwemme. qu. fol. J. 330. III. Ebenso.
115. In der Campagna von Rom. qu. fol. J. 352. II. Ebenso.
116. Die Schimmelstute mit dem Fohlen. qu. 4. J. 353. II. Ebenso.
117. Liegender Stier und stehende Kuh auf der Weide. kl. qu. fol.

J. C. Klengel.

118. 12 Bl. Baumstudien mit gedrucktem Umschlag. Etudes de paysages. Dresde chez Morasch und Skerl exc. qu. fol. fol.

119. 12 Bl. Desgleichen. qu. fol. fol.

C. W. Kolbe.
120. Grosse Kräuterstudie mit den Kühen im Schilfe. qu. fol.
121. Waldlandschaft mit grossen prächtigen Eichen; rechts ein Weg mit drei Personen. gr. qu. fol. Mit wenig Rand.
122. Landschaft mit zwei zu beiden Seiten des Weges stehenden Eichen, im Hintergrunde eine Kirche. gr. qu. fol.
123. Landschaft mit am Waldrand stehenden Bauernhäusern, im Vordergrunde fährt ein Bauer mit Schubkarre. gr. qu. fol.
124. Waldlandschaft mit Schäfer und Schaafen auf der Wiese. gr. qu. fol. Ebenso.
125. Wunderlich geformter knorriger Eichsturz im Walde, rechts sitzt am Boden ein Bauer. gr. qu. fol.
126. Die heimkehrende Heerde. in Cl. Lorrain's Manier. gr. qu. fol.

C. A. Lebschée.
127. 4 Bl. Angeputzter stehender Hund mit Gewehr, Hundekopf en face, liegender Ziegenbock und Landschaft mit Aussicht auf München. 4. qu. 4. kl. qu. fol.

Sebast. Le Clerc.
128. 19 Bl. Charakterstudien nach C. le Brun mit dem Titel: Charactères des Passions etc. Paris chez Jeaurat. qu. 8.

N. Loir.
129. Haec requies mea etc. Das Christkind auf dem Kreuze liegend; rechts oben, umgeben von einer Engelsglorie erscheint Gott. qu. fol. R.-D. 15. Zweiter Abdruck mit Mariette's Adresse.

Claude Lorrain.
130. Der Zeichner. qu. 4. R.-D. 9. Später Abdruck.
131. Apollo mit den Jahreszeiten. qu. fol. R. D. 20. Alter II. Abdruck. Ebenso und fleckig.
132. Das Campo-Vaccino. qu. fol. R.-D. 23. V. Abdruck. Ebenso und gebräunt.

F. Loose.
133. Heroische Landschaft mit hohen Bäumen und Wasser-

fall. Im Hintergrund Gebirge. H. Carracci p. qu. fol.

Ph. J. de Loutherbourg.
134. Die Kuh und der junge Esel im Wasser. qu. 8. R.-D. 17. Copie.

A. Manglard.
135. Der Windstoss. Seestück mit Schiffen auf offenem Meere. qu. fol. R. D. 13. Guter zweiter Abdruck. An drei Seiten an der Darstellung beschnitten.

A. Marcenay.
136. Le vieillard atrabilaire. Rembrandt p. 8.

J. W. Mechau.
137. 14 Bl. Landschaften mit Staffagen. qu. 8.

J. Morin.
138. Marche des paysans. Landschaft mit Reisenden. J. Fouquier p. qu. fol. R.-D. 108. Beschädigt.

J. de Moucheron.
139. Gebirgige Landschaft mit Gebäuden; im Vordergrund zwei Kähne. G. Poussin p. qu. fol. Aufgezogen.

Friedrich Müller.
140. 2 Bl. Wandernde Musikanten mit Affen und Hunden vor einem Wirthshaus, und Bänkelsänger vor einem Bauerhaus. fol. Die Adresse abgeschnitten.

F. de Neue.
141. Baumreiche Landschaft mit Narcissus. qu. fol. B. 14.

P. Nolpe.
142. Die Schlacht bei Antwerpen unter Prinz Wilhelm von Oranien. Mit vielen Beischriften. qu. fol.

J. A. Nothnagel.
143. 11 Bl. Historische, biblische Darstellungen und Köpfe. 4., 8., qu. 8.

C. Onofri.
144. Die Landschaft mit Apollo in den Wolken und der Nymphe, welche den Löwen führt. qu. fol. B. 10.

A. van Ostade.
145. Der bucklige Violinspieler vor dem Bauernhaus. gr. 8. Späterer Abdruck.

146. Die Sänger am Fenster mit Licht. fol. B. 19. Späterer Abdruck.

J. Parrocel.
147. 3 Bl. Scenen aus Christi Leben. kl. qu. fol. R.-D. 59. 64. 66.

N. Perelle.
148. 6 Bl. Ansichten von Kirchen etc. in Frankreich. gr. Mariette exc. qu. 8.
149. Grosse Landschaft mit schönen Bäumen, vorn ein Fluss, in der Mitte eine Strasse mit Figuren. Poilly exc. qu. fol.

Fr. Perrier.
150. Die Flucht nach Egypten, mit der Unterschrift: I. prolem committe vadis etc. qu. fol. R.-D. 5. Erster Abdruck.

G. Piranesi.
151. 19 Bl. Architektonische Ansichten aus Rom und Tivoli, Tempelruinen etc. gr. qu. fol. Alte Abdrücke.

P. Pontius.
152. Maria mit dem Kinde, von Heiligen verehrt. Nach dem Gemälde von Rubens in der Grabkapelle des Meisters. gr. fol. Guter Druck. Beschnitten, mit ausgebesserten Rissen.
153. Die Bildnisse von Rubens und van Dyck in Einfassungen mit reichem Beiwerk. A. van Dyck p. qu. fol.

H. van der Poorten.
154. 7 Bl. Landschaften und Thierstücke. 8. qu. 8. Ein Blatt doppelt.

J. G. Prestel.
155. Abendlandschaft mit schönen Eichbäumen, links heimziehende Heerde und Hirt. J. Ruysdael p. Aquatinta. gr. qu. fol. Mit einem Fleck.

J. G. Primavesi.
156. 2 Bl. Grosse baumreiche Landschaft mit Wasserfällen, im Hintergrund Gebirge. J. Moucheron p. qu. roy. fol.

D. Quaglio.
157. 24 Bl. Landschaftstudien, erfunden und radirt von

D. Quaglio. Carlsruhe. 4. qu. 8. etc. Matte Drucke.
158. 9 Bl. Ansichten aus München etc. fol. qu. fol. Ein Blatt doppelt.

A. Radl.
159. Der weisse Stier. P. Potter p. Aquatinta. roy. fol. Ein Hauptblatt. Am linken Rand etwas eingerissen.

E. Rhffort.
160. Seehafen mit vielen Schiffen, links auf einem Hügel eine Windmühle. qu. 4.

F. Rechberger.
161. Landschaft mit hohen Felsen. qu. 4.

F. Reclam.
162. 8. Bl. Folge von Landschaften, dem Maler Pierre dedicirt. qu. fol.
163. 2 Bl. Landschaften aus der Folge. qu. 4.

J. C. Reinhart.
164. 2 Bl. Die Waldlandschaften mit den Satyrn. qu. fol.
165. 2 Bl. Dieselben.
166. 7 Bl. aus der Folge der italienischen Landschaften. fol. qu. fol.

G. Roghman.
167. D. Brugh tot Maersen aus der Folge. qu. 4. B. 13.

Rembrandt.
168. Der Tod der Maria. fol. B. 99. Guter III. Abdruck.
169. Rembrandt's Portrait mit der Feder an der Mütze. 4. B. 20. Später Abdruck; rechts am Rand beschädigt.
170. Brustbild eines Greises mit grossem Bart und Pelzmütze. 4. B. 290. Guter Abdruck.

J. H. Roos.
171. 9 Bl. Verschiedene Thierstücke aus der Folge. 4. B. 19—22. 24, 25, 27, 29, 30. Einige Abdrücke auf Schellenkappenpapier.
172. Die Eselin und die Ziege. 4. B. 29.

S. Rosa.
173. Der junge Oedipus wird von einem Hirten mit den

Füssen an einem Baum aufgehängt. roy. fol. B. 8. In der Mitte gebrochen, mit mehreren Risschen, auf Leinwand gezogen und fleckig.
174. Die Karthager schliessen den Regulus in ein mit Nägeln beschlagenes Fass ein. qu. roy. fol. B. 9. Später Abdruck, wie die Folgenden. In der Mitte gebrochen.
175. Die Kreuzigung des Polycrates. qu. roy. foL B. 10.
176. Der Sturz der Giganten. roy. fol. B. 21.
177. 52 Bl. aus der Soldatenfolge etc. gr. 8. gr. qu. 8. Spätere Abdrücke.

F. Rottmann.

178. 6 Bl. Ansichten aus dem Park zu Schwetzingen. qu. 8. In Umschlag mit Titel. Auf Chines. Papier.

G. F. Schmidt.

179. Brustbild eines Greises mit Bart und Mütze. 4. Jacoby 115.*) Guter Abdruck.
180. Halbfigur einer jungen Frau mit Fächer in der Rechten. Rembrandt p. gr. 4. J. 123. Ebenso.
181. Brustbild eines jungen Mannes mit Federbarett. G. Flinck p. Oval. 4. J. 125. Grau.
182. Der Vater der Judenbraut. Halbfigur. Rembrandt p. fol. J. 129. Am Plattenrand beschnitten und gebräunt.
183. Der Künstler selbst, zeichnend, mit grosser Mütze auf dem Kopfe. 4. J. 134. Guter Abdruck.
184. Die Gattin des Künstlers, nähend. 8. J. 135.
185. Belohnung der Tugend. Brustbild des Arztes Lieberkühn mit reichem Beiwerk. fol. J. 138. Ebenso. Bis zum Stichrand beschnitten.
186. Die Prinzessin von Oranien. Rembrandt p. 4. J. 147.
187. Wilhelm II., Prinz von Oranien und sein Lehrer Cats. G. Flinck p. fol. J. 152. Ohne Plattenrand. Grau.
188. Lot mit seinen Töchtern. Rembrandt p. fol. J. 173. Ebenso.

---

*) Beschreibendes Verzeichniss sämmtlicher Kupferstiche und Radirungen von G. F. Schmidt, herausgegeben von L. D. Jacoby. Berlin 1815.

189. Darstellung der Maria im Tempel. P. Testa p. gr. fol. J. 172. Guter späterer Abdruck.

L. Schönberger.

190. 2 Bl. Die Wasserfälle von Brusta und das Landhaus des Plinius am Comer See. gr. qu. fol. Stockfleckig.
191. 2 Bl. Felsige Landschaft mit Wasserfällen. qu. fol.
192. 12 Landschaften. qu. 8. qu. 4.

J. P. Schweyer.

193. Baumreiche Landschaft mit Bauerhütten und Staffage. J. Ruysdael p. qu. fol. Etwas fleckig.

C. Steffelaar.

194. 59 Bl. Studien von Landschaften, Thieren und Figuren, in verschiedenen Abdrücken und Gattungen. qu. 8. 8. 4. Einige Blätter mehrfach vorhanden.
195. 6 Bl. Figurenstudien. qu. 8. Chines. Papier.

Th. Stoop.

196. Der Cavalier auf dem galoppirenden Pferde. qu. 4. B. 1. Erster Abdruck mit C. de Jonghe's Adresse.
197. Dasselbe in zweitem Abdruck, mit de Witt's Adresse.
198. Das vor dem Wasser scheuende Pferd. qu. fol. B. 2. Zweiter Abdruck.
199. Das nach links stehende angebundene Pferd. qu. 4. B. 4.
200. Das pissende Pferd. qu. 4. B. 5. Schöner älterer Abdruck. Fliegenfleckig.
201. Der das Pferd haltende Bauer, mit zwei Hunden. qu. 4. B. 6.
202. Die zwei stehenden Arbeitspferde. qu. 4. B. 7. Beschnitten.
203. Das nach rechts stehende angebundene Pferd, mit dem liegenden Hund. qu. 4. B. 9. Aelterer Abdruck.
204. Dasselbe. Späterer Abdruck.
205. Das vor der Krippe stehende Pferd. qu. 4. B. 11. Schöner erster Abdruck. Fleckig.
206. Der sitzende Mann mit den Jagdhunden. qu. 4. B.

12. Ebenso. Knapp an der Darstellung beschnitten und fleckig und die oberen Ecken ergänzt.

H. van Swanevelt.

207. 2 Bl. aus dem Leben des Adonis. qu. fol. B. 105. 106. Erste Abdrücke. Beide ohne Plattenrand und etwas fleckig.

Theodor.

208. Baumreiche Landschaft mit Fluss. F. Milet p. qu. fol. B. 13.

J. A. Thiele.

209. 4 Bl. Ansichten nach der Natur aus Sachsen. qu. 4.
210. 6 Bl. Die grossen Ansichten mit den sächsischen Bergschlössern. gr. qu. fol. Ein Blatt im Rande rissig.

M. Uytenbroeck.

211. Die Landschaft mit dem runden Thurm. gr. qu. 8. B. 54. Matt.

Ch. Vignon.

212. Johannes der Täufer predigend. fol. R.-D. 17.

E. J. Verboeckhoven.

213. 12 Bl. Viehstücke und Fabeln. qu. 8. Meist auf Chines. Papier.

J. de Visscher.

214. Lagerscene. Links eine Gruppe von Reitern. Ph. Wouwerman p. qu. fol. Schöner Abdruck mit Danckert's Adresse.
215. Landschaft mit Ziegenmelkerin. N. Berghem p. qu. fol. Guter Abdruck. Fleckig und gebräunt.

F. Vivares.

216. Castel Gandolfo. Grosse felsige Landschaft. F. Grimaldi p. gr. qu. fol. Fleckig und beschnitten.

Cl. H. Watelet.

217. 2 Bl. Flusslandschaft mit mehreren Kähnen und Schiffen, und Interieur mit vier Figuren. qu. 8. 8.

A. Waterlo.

218. 13 Bl. Aus der Folge der Dorfansichten. qu. 8. B. 7. 8. 11. 16. 18. 21. 22. 25. 29. 30. 31. Gemischte Abdrücke. Einige doppelt.
219. 13 Bl. Landschaften aus verschiedenen Folgen. qu. 4. B. 33—37. 40. 43. 44. 49. 59. 65. 71. 82.

220. Die im Walde ruhende Familie. gr. qu. 4. B. 88. Guter alter Abdruck. Selten.
221. 5 Bl. Aus der Folge der Landschaften. qu. fol. B. 108—112. Meist späte Abdrücke.
222. 4 Bl. Aus der Folge der Landschaften. qu. fol. B. 113. 114. 115. 117. Spätere Abdrücke.
223. Die Mühle. fol. B. 119. Guter alter Abdruck. Fleckig.
224. Dasselbe. Späterer Abdruck.
225. 2 Bl. Das höckrige Männchen, und die Mutter mit den drei Kindern. fol. B. 121. 122. Spätere Abdrücke.
226. Die zwei im Walde ruhenden Wanderer. fol. B. 123. Schöner alter Abdruck.
227. Der Steg über den Bach. fol. B. 124. Später Abdruck.
228. Apollo und Daphne. fol. B. 126. Sehr schöner alter Abdruck.
229. Venus und Adonis. fol. B. 129. Guter älterer Abdruck. Aufgezogen.
230. Der Engel, welcher dem Moses befiehlt, seinen Sohn zu beschneiden. fol. B. 135. An der Darstellung beschnitten aufgezogen und fleckig.

F. E. Weirotter.

231. 11 Bl. Folge von Landschaften. 1716. qu. 4.

J. F. Weitsch.

232. 5 Bl. Thierstücke. qu. 8.

G. Wouters.

233. 2 Bl. Ansichten aus Rom. La Piazza del popolo und Piazza navona etc. Grosse Plätze mit zahlreicher Staffage. gr. qu. fol.

R. Zeeman.

234. 2 Bl. Marinen. kl. qu. fol. B. 76. 77.

C. Zimmermann.

235. 3 Bl. Ansichten aus Rom, dabei die des Coliseums. qu. fol. Selten.

J. P. Hackert.

236. Servans de Normandie. qu. 4.
237. 3 Bl. Landschaften mit hohen Bäumen. 4.

Nachtrag von Radirungen neuer holländischer und belgischer Meister.

A. H. Bakhuyzen d. J.
238. Landschaft mit zwei Figuren. qu. 8.

T. Faber.
239. Vier Schaafe und Ziege in einer Landschaft. qu. 4.

J. Hartogensis.
240. 42 Bl. Verschiedenartige Studien von Landschaften, Figuren und Portraits, dabei das Portrait des Künstlers. 4. 8. qu. 8. Einige Blätter in verschiedenen Abdrücken und meist auf Chines. Papier. Einige Blätter doppelt.

H. van Hove.
241. Interieur mit sechs Figuren. 8.

D. van der Kellen.
242. 8 Bl. Figürliche Darstellungen und Landschaft. 8. 4. Zwei Blatt doppelt.

J. van Lokhorst.
243. 8 Bl. Landschaften aus den Niederlanden und Stadtansichten. In verschiedenem Format. Zwei Blatt auf Chines. Papier.

N. Nieuwenhuyzen.
244. Inneres einer Kirche mit Prediger auf der Kanzel. 8.

J. Noteman.
245. Schulstube mit Feder schneidendem Lehrer und mehreren Kindern. qu. 8.

C. Seghers.
246. 2 Bl. Genrestücke. 4. 8.

C. Steffelaar.
247. 5 Bl. Landschaften. qu. 8.

A. Wouters.
248. 4 Bl. Wasserlandschaften mit Bäumen am Ufer. qu. 4. Doppelt, mehr und weniger vollendet.

Von Diversen.

249. 15 Bl. Zu Reinick's „Lieder eines Malers." Von verschiedenen Düsseldorfer Künstlern ausgeführt. gr. 4. Schöne erste, zum Theil farbige Drucke vor dem Text. Ein Blatt doppelt.
250. 33 Bl. Landschaften von Klengel, Quaglio etc. etc. Verschiedenste Formate.
251. 20 Bl. Figürliche Darstellungen und Thiere von Callot, Klinghamer, Le Prince etc. etc. Verschiedene Formate.

Kupferstiche.

C. Agricola.
252. Verus und Amor in einer Landschaft mit tanzenden Bacchanten. A. Elsheimer p. qu. 8.

N. Barthelmess.
253. Der blinde Knabe. Mutter mit blindem Knaben vor'm Altar. H. Salentin p. Hamburger Kunstvereinsblatt gr. fol. Schöner Abdruck.

F. Chereau.
254. Cardinal de Polignac, fast ganze Figur, in reichem Spitzenkleide. H. Rigaud p. fol.

D. Cunego.
255. Filius prodigus. Die Bekleidung des zurückgekehrten verlornen Sohnes. F. Guercino p. qu. fol.

C. Drevet.
256. Henry Oswald Cardinal d'Auvergne. Kniestück. H. Rigaud p. gr. fol. Guter Abdruck. Im äusseren Rande gebräunt; in der Darstellung ein kleines Loch.

P. Drevet.
257. J. B. Bignon. Geistlicher. Halbfigur in einem Oval. Idem p. Oval. fol. Guter Druck.
258. A. H. Cardinal de Fleury. Kniestück. Idem p. gr. fol.

A. Dürer.
259. Maria mit dem Kinde, an einer Mauer sitzend. gr. 8.

B. 40. Schöner alter Druck, aber sehr beschädigt und verschnitten.
260. Der heilige Hieronymus in der Landschaft. fol. B. 61. Ebenso.
261. Apollo und Diana. 8. B. 68. Alter Druck, jedoch sind die Figuren und der Hirsch ausgeschnitten und aufgezogen.

A. van Dyck.
262. Carolus de Mallery. Kupferstecher. A. van Dyck p. v. Dyck und L. Vorsterman sc. kl. fol. Szwykowski.*) Am Plattenrand beschnitten.

L. Ekeman-Alesson.
263. 4 Bl. Landschaften mit Staffage und Marine. A. van de Velde, M. Hobbema, J. Ruysdael und A. van Everdingen p. Lithographien in Tondruck. qu. fol. gr. qu. fol.

J. Felsing.
264. Judas verräth den Heiland an die Juden. Schöne Composition von fünfzehn Figuren. H. Hofman p. Hamburger Kunstvereinsblatt. gr. qu. fol. Sehr schöner Abdruck.

Frenzel.
265. A. van Dyck's Abschied von Rubens. Lithographie in Tondruck. gr. qu. fol.

H. Goltzius.
266. Die Weisen aus dem Morgenlande bringen dem Christuskinde Geschenke. gr. fol. B. 5. Am Plattenrand beschnitten.

Hubert.
267. 23 Bl. Landschaften als Vorlegeblätter zum Zeichnen. In Umschlag mit Titel. Lithographien, mehrere Blätter in Tondruck. fol.

N. Lecomte.
268. Brustbild des Tintoretto. Sc ipse p. 4. Schöner Abdruck auf Chines. Papier und mit der Stempelnummer 89.

---

*) A. van Dyck's Bildnisse bekannter Personen von J. von Szwykowski. Leipzig. 1859.

A. Lefevre.

269. Die Schlacht von Abukir. In der Mitte sieht man Murat zu Pferde, welchem das Schwert des verwundeten Mustapha von dessen Sohn überreicht wird. A. J. Gros p. gr. qu. fol. Vorzüglicher Abdruck vor der Schrift auf Chines. Papier. Oben in dem äusseren Papierrande eingerissen.

G. Levy.

270. Brustbild eines Mannes mit Allonge-Perrücke und Mantel. H. Rigaud p. 4. Schöner Abdruck auf Chines. Papier. Mit der Stempelnummer 85.

D. Quaglio.

271. Der Marktplatz mit dem Schönbrunnen zu Nürnberg. C. Quaglio p. Lithographie. qu. roy. fol. Die zwei oberen Ecken 3 Zoll breit weggeschnitten. Fleckig.

E. Sadeler.

272 Maria mit dem Kinde in einer Landschaft oder die Madonna im Grünen. A. Dürer del. fol. Nahe am Plattenrand beschnitten.

H. Sagert.

273. Das Gebet der Wittwe. Mutter mit vier Kindern vor einem Muttergottesbilde knieend. Meyer von Bremen p. Aquatinta. Hamburger Kunstvereins. blatt. gr. qu. fol. Unten in den Papierrand eingerissen.

F. Schröder.

274. Maria mit dem Kinde, dem heil. Joseph und St. Johannes. M. Angelo p. 4. Vorzüglicher Abdruck vor aller Schrift auf Chines. Papier.
275 Die Puritaner auf der Morgenwacht. W. Camphausen p. Hamburger Kunstvereinsblatt. gr. fol.
276. Lesendes stehendes Mädchen vor offenem Schrank mit Büchern. F. Willems p. Desgleichen. gr. fol.

M. Schwindt.

277. Gerichtsscene im Mittelalter. A. J. Ehnle p. Aquatinta. Desgleichen. gr. fol.

L. Vorsterman.

278. Die Anbetung der Weisen aus dem Morgenlande. P. P. Rubens p. In zwei Blättern. qu. roy. fol.

Schöner alter Abdruck. An der Darstellung beschnitten und fleckig.
279. Die Kreuzesabnahme. Idem p. gr. fol. Guter alter Abdruck; an der Darstellung beschnitten und wegen Beschädigung aufgezogen.
280. Lot wandert mit seinen Töchtern und seiner Frau aus Sodom. Idem p. qu. fol. Ohne Plattenrand.

F. Zimmermann.
281. Der Brunhilde-Empfang zu Worms. Reiche Composition. J. Schnorr v. Carolsfeld p. Hamburger Kunstvereinsblatt. qu. roy. fol. Auf Chines. Papier.

J. Storch.
282. Ansicht der Gallerie der Loggien III. Stock im Vatican. Lithographischer Farbendruck von Winckelmann und Söhne in Berlin fol. Im äusseren Papierrande etwas stockfleckig.
283. 4 Bl. Die Kirchgängerin, Winterlandschaft, Dumbarbarton Castle, am Meere gelegen (Nachtstück) und Abendstimmung. M. Gensler, H. Kauffmann, R. Hardorff und V. Ruth's inv. qu. fol. Gabe des Hamburger Kunstvereins für 1860. Lithographien in Farbendruck von W. Seitz. Hamburg.

Neuere Kupferstiche.

P. Anderloni.
284. Die Madonna im Grünen, nach Raphael's Bild im Belvedere zu Wien. gr. fol. Guter Abdruck.
285. Dasselbe Blatt.
286. Vision Ezechiel's. Raphael p. Von Longhi vollendet. fol. Guter Abdruck mit Longhi's Stempel.
287. J. Longhi's Medaillon-Bildniss. 4. Mit dem Stempel des Meisters.
288. A. Appiani. Maler. Medaillon. 4. Ebenso.

G. Audran.
289. Die Zeit entführt die Wahrheit. N. Poussin p. gr. fol. Zweiter sehr seltener Abdruck vor

der Draperie. R.-D. 46.*) Scharf beschnitten und fleckig.

J. Beretta.

290. Morte di Barnabé Visconti. P. Palagi p. qu. roy. fol. Vorzüglicher Abdruck vor aller Schrift und auf Chines. Papier.
291. Il Conte di Camagnola mit seiner Familie, im Gefängniss vor seiner Hinrichtung. Idem p. Prämienblatt. qu. fol. Sehr seltener vollendeter Probeabdruck vor aller Schrift mit dem Stempel der Akademie von Mailand.

J. Callot.

292. Der grosse Markt zu Florenz. Zweite Platte. gr. qu. fol. Meaume 625. Guter Abdruck. Mit kleinen Ausbesserungen.

P. Caronni u. G. Cozzi.

293. 2 Bl. Die Philosophen in Betrachtung. Rembrandt p. Radirt. Von Longhi vollendet. qu. fol. Mit Longhi's Stempel.
294. Portrait von Rembrandt. Brustbild. Se ipse p. Radirt. Von Longhi vollendet. 4. Mit Longhi's Stempel.

F. Caporali.

295. A. Appiani, Maler. Brustbild. G. Pagani del. Oval. 4.

G. Cipriani.

296. Galileo Galilei. Brustbild. J. Sustermans p. 4.
297. N. Macchiavelli. Brustbild. Santi di Tito p.

A. B. Desnoyers.

298. La Vierge dite la belle Jardinière. Raphael p. fol. Aelterer Abdruck.

A. Dürer.

299. 2 Bl. Die beiden Wappen mit dem Todtenkopf und Hahn. 4. Moderne Copieen.

P. Fruytiers.

300. Jacob Edelherr, von Lüttich. Kniestück. Radirt. fol. Schönes Hauptblatt. Am Plattenrand beschnitten.

---

*) Le peintre graveur français par Robert Dumesnil. Tom. 9. Paris 1865.

G. Garavaglia.

301. Jacob und Rahel am Brunnen. A. Appiani p. roy. fol. Schöner Abdruck eines Hauptblattes. Mit dem Stempel des Meisters.
302. Dasselbe Capitalblatt im ersten Druck mit angelegter Schrift und vor der Dedication.
303. Die Himmelfahrt der heil. Jungfrau G. Reni p. Von F. Anderloni vollendet. roy. fol. Guter Abdruck.
304. Dasselbe Hauptblatt in sehr schönem ersten Druck mit angelegter Schrift und vor der Dedication.
305. G. Boccaccio. Brustbild. G. Longhi del. Oval. 4. Vor der Einfassung in 4.

S. Jesi.

306. Die Verstossung der Hagar. F. Guercino p. qu. fol. Im Unterrand eine beriebene Stelle.

J. Longhi.

307. Lo Sposalizio oder Vermählung Josephs und Maria nach Raphael's Bild in der Brera zu Mailand. roy. fol. im zweiten Abdruck mit der Inschrift am Tempel und Lissant's Namen als Drucker.
308. Mater pulchrae Dilectionis. Brustbild der heiligen Jungfrau. C. Dolce p. fol.
309. La Madonna del Lago. M. d'Oggiano p. L. da Vinci inv. Rund. fol. Guter dritter Abdruck.
310. Dasselbe schöne Blatt in früherem Abdruck mit den Versen und vor der Dedication und dem Stempel.
311. Die heilige Familie. Nunc ego mitto te etc. Raphael p. gr. fol. Guter Abdruck mit dem Stempel des Druckers N. Pagni.
312. La Madonna del Velo. Idem p. Letzte Platte des Meisters von Toschi vollendet. gr. fol. Guter Abdruck.
313. Dasselbe Blatt in sehr seltenem Abdruck vor der Vollendung von Toschi und somit vor aller Schrift.
314. Enthauptung Johannes des Täufers. G. Dow p. Radirt. gr. fol.
315. Die Grablegung Christi. D. Crespi p. Radirt. gr. fol.

Alter schöner Abdruck mit einem kleinen Fleck.
316. Der Genius der Musik verbrennt die Pfeile Amors. G. Reni p. qu. fol.
317. Pan und Syrinx. Radirt. qu. fol.
318. Kopf des Sokrates. A. Bossi del. 8.
319. Napoleon I. als Kaiser. Medaillon-Brustbild. 1806. Rund. 4.
320. Franz I. Kaiser von Oesterreich. Brustbild. N. Schiavone p.
321. Dasselbe Blatt in erstem Abdruck vor der Einrahmung und vor aller Schrift. 4.
322. G. B. Longhi, Bruder des Künstlers. Brustbild. Radirt. fol. 4.
323. Greis mit grossem Bart. J. Livens p. fol.
324. Dasselbe Blatt. Vor der Schrift, nur mit Longhi's Namen in Nadelschrift. An der Platte beschnitten.
325. Brustbild einer jungen, niederwärts blickenden Frau. G. Dow p. 8.
326. Halbfigur eines Mannes mit weissem Bart, genannt der Weisse. Rembrandt p. Oval. fol.
327. Borgomestro Olandese. Idem p. fol. Schöner Abdruck. Ebenso.
328. Portrait eines Mannes mit Buch und Stock in den Händen. Idem p. fol.
329. Ganze Figur eines Orientalen mit Pfeife in der Hand. Idem p. fol.
330. Halbfigur eines lachenden Mohren, genannt der Schwarze. P. P. Rubens p. Oval. fol. Gegenstück zu Nr. 326.

R. Morghen.

331. Franz de Moncada, zu Pferde. Genannt der Cavalier. A. van Dyck p. roy. fol. Guter zweiter Abdruck vor den Contretaillen auf dem Harnisch.

F. Rosaspina.

332. Amorettentanz beim Raube der Proserpina. F. Albani p. qu. roy. fol. Ein Hauptblatt des Meisters.

G. F. Schmidt.

333. Die Darstellung im Tempel. C. W. E. Dietrich p.

Radirt. qu. fol. Jacoby 167. Sehr schöner alter Abdruck.

R. Strange.

334. Cupido schlafend. G. Reni p. qu. fol. Le Blanc 31.*) Zweiter Abdruck. Gewaschen und ein Bruch im Oberrand unterlegt.
335. Apotheose der englischen Prinzen Octav und Alfred. B. West p. gr. fol. Le Bl. 50. Gewaschen.

J. Aliamet.

336. 4 Bl. Landschaften mit Wasser und Staffagen. Nach Hackert, Wagner und Brandt. qu. fol. Drei Blatt am Plattenrand beschnitten.
337. 2 Bl. Première et deuxième vue de Marseille. Marinen mit Fischern. Nach J. Vernet. qu. fol. Ein Blatt wurmlöcherig.

P. Aquila.

338. Maria mit fünf Heiligen, im Himmel. C. Maratti p. roy. fol.
339. 3 Bl. Das Opfer der Diana, das Opfer der Vesta, und Herkules am Scheidewege. P. B. da Cortona und C. Ferri p. gr. qu. fol. Ein Blatt beschädigt.

B. Audran.

340. Rebecca und Elieser am Brunnen. N. Poussin p. qu. fol. Andresen 14.**) mit Chereau's Adresse.

J. Auvray.

341. Der Gelehrte am Schreibtisch. F. Juncker p. fol.

J. F. Bause.

342. Michel Ehrlich. B. Denner p. Schwarzkunst. Keil 30.***) Mit kleinem Wurmloche und im Rande wurmfleckig.
343. Salomon Gessner. A. Graff p. fol. K. 190. Im Rande brüchig.

---

*) Catalogue de l'Oeuvre de Rob. Strange. Par M. Ch. Le Blanc. Leipzig 1848.

**) N. Poussin. Verzeichniss der nach seinen Gemälden gefertigten Kupferstiche von D. A. Andresen. Leipzig 1864.

***) Catalog des Kupferstichwerkes von J. F. Bause. Von G. Keil. Leipzig 1849.

344. J. G. Sulzer. Idem p. fol. K. 200.
345. C. Wilhelmi. C. A. Schwarz p. fol. K. 243.

P. F. Beaumont.

346. Alte Flamande. Reiter vor einem Marketenderzelt. Ph. Wouwerman p. qu. fol.

J. F. Beauvarlet.

347. La Marchande de Marron. J. B. Greuze p. fol.

J. Bellange.

348. Eine Frau in phantastischer Kleidung mit anderen Figuren. Radirt. fol. Robert-Dumenil 37. Alter Abdruck. Knapp an der Darstellung beschnitten.

P. Benazech.

349. Landschaft mit Fragmenten antiker Baukunst im Vordergrunde ein Hirt mit Heerde. A. Locatelli p. gr. fol. Abdruck vor der Schrift. Stockfleckig.

N. Berghem.

350. Nach links stehender Esel umgeben von Schaafen und Ziegen. gr. qu. 8. Bartsch 16. Guter Abdruck.
351. 2 Bl. Ziegen aus der Folge. qu. 8. B. 38. 40. Die N. ausradirt.

F. W. Bollinger.

352. J. H. B. Dräseke. F. G. A. Schöner p. Kreidestich. fol. Schöner Abdruck vor der Schrift.

S. à Bolswert.

353. Petrus verleugnet Christum. Nachtstück. G. Seghers inv. qu. fol. Guter alter Abdruck dieses effectvollen Blattes. Am Plattenrand beschnitten, in der Mitte eine Bruchstelle.
354. 2 Bl. Die heilige Katharina und Barbara auf Gesimsen stehend. Aus der Folge. P. P. Rubens p. kl. fol.

J. Chevillet.

355. 2 Bl. La Santé portée und la Santé rendue. G. Terburg p. fol. Gute Abdrücke.

D. Chodowiecki.

356. 12 Bl. Kalenderkupfer in verschiedenen Formaten aus Folgen, und Goethe's Portrait nach M. Kraus. gr. 8. Matt.

C. N. Cochin fils et J. Ph. Le Bas.
357. 16 Bl. Die Folge der französischen Häfen mit reicher Staffage. J. Vernet p. qu. roy. fol. Hauptfolge. Knapp an der Platte beschnitten; mehr oder weniger fleckig oder beschädigt. Nr. 4 fehlt. Nr. 11 dagegen ist doppelt.

D. Cunego.
358. Die heilige Familie auf der Flucht nach Egypten. D. Dominichino p. Rund. fol. Faltig.
359. Die Geburt Christi. Idem p. gr. fol.
360. Die Krönung der Maria auf Wolken. Idem p. gr. qu. fol.
361. Nymphen am Meeresstrande und Genien mit Perlen spielend. F. Albano p. qu. fol.

A. D***.
362. La tempeste. Marine mit Gewittersturm. J. Vernet p. qu. fol.

J. Daullé.
363. Die Söhne des Rubens. P. P. Rubens p. Dresdner Gallerie-Werk. Schmal fol.

N. Delaunay.
364. 2 Bl. O. Cromwell löst das lange Parlament auf, und die Landung Karl's II. von England zu Dover. B. West p. qu. fol. Gute Abdrücke.

N. Dorigny.
365. Die Transfiguration. Raphael p. roy. fol. Späterer Abdruck.

J. V. Dupin.
366. Ein Savoyardenknabe spielt vor einer sitzenden Frau mit Kind. N. Hallé p. qu. fol. Schöner Abdruck. Fleckig.

A. Dürer.
367. Der heil. Hieronymus mit dem Löwen, in einer Höhle schreibend. Holzschnitt. 4. B. 113.

F. V. Durmer.
368. Jo et Jupiter. A. van der Werff p. Braun punktirt wie den Folgenden. fol.
369. 2 Bl. Le Repos de Diane und Venus et Adonis. Fast nackte Figuren in Landschaften. H. van Ba-

len p. und A. Nahl inv. qu. fol. Letzteres Blatt mit Nadelschrift.
370. Ersteres nochmals. Etwas fleckig.
371. Die Entstehung der Rose. Amor zieht der Venus einen Dorn aus dem Fuss. A. Nahl inv. gr. qu. fol. Etwas fleckig.
372. Dasselbe. Schwarz gedruckt.

R. Earlom.
373. Bacchanalians. P. P. Rubens p. Schwarzkunst. gr. qu. fol. Grau und etwas brüchig.

W. Finden.
374. The Highlander's Return. D. Wilkie p. qu. fol Guter Abdruck. An der Platte beschnitten.

D. Findorff.
375. Ein Bär in einer Landschaft. Radirt. qu. fol. Selten.

J. Frey.
376. Der Erzengel Michael stürzt den Satan. G. Reni p. fol. An der Platte beschnitten.
377. Der Kaiser Augustus schliesst den Janustempel. C. Maratti p. gr. fol. In der Mitte gebrochen und Risse unterlegt.

H. Frezza.
378. St. Andreas Corsinus vor der heiligen Jungfrau kniecend. Idem p. fol.

R. Gaillard.
379. La Discuse de bonne Aventure russienne. J. B. Le Prince p. fol. Seltener Abdruck, wo das Fleisch farbig gedruckt ist.

W. G. Gmelin.
380. Das Denkmal Salomon Gessner's in Zürich. H. Wüst p. gr. qu. fol. Sehr schöner Abdruck.
381. Der Rheinfall bei Schaffhausen. J. J. Schalch p. gr. qu. fol.
382. 2 Bl. Die Grotte des Neptun mit dem Tempel der Vesta, und der Wasserfall des Velino bei Terni. gr. fol. Gute Abdrucke dieser schönen Blätter.

H. Goltzius.
383. 9 Bl. Die Folge der berühmten Römer, nebst Titelblatt. Schmal fol. B. 94, 96—103. An der Dar-

stellung beschnitten, das Titelbl. stockfleckig, ein Bl. aufgezogen, eines ausgebessert.

C. A. Günther.
384. Grosse Landschaft mit Viehherden und dem Schäferpaar bei dem antiken Basrelief. C. W. E. Dietrich p. Dresdner Galleriewerk. gr. qu. fol.

C. Guttenberg.
385. L'Ecrivain public. P. A. Wille del. fol.

Ph. Hackert.
386. 2 Bl. A Sorriento und A la Cava. Italienische Landschaften mit Staffage. Radirt. fol. Sehr schöne Abdrücke.

Ch. Haldenwang.
387. Chute du Rhin dite Cataracte de Ruffen etc. Grosser Wasserfall in felsiger Gebirgslandschaft. L. Hess p. gr. qu. fol.

B. L. Henriguez.
388. Galatée sur les Eaux. J. M. Nattier p. gr. qu. fol.

A. Herzinger.
389. Der Buchen-Hain. Waldlandschaft mit durch's Wasser fahrenden Bauern. J. Ruysdael p. qu. fol.

N. Hoff.
390. Maria mit dem Kinde und der heiligen Katharina. L. da Vinci p. fol.

W. Hollar.
391. Lucas und Cornelius de Wael. A. van Dyck p. fol Parthey 1517.*) Schöner erster Abdruck mit der Adresse von Meysens.

J. Holzer.
392. Die drei Weisen aus dem Morgenlande bringen dem Christuskinde Geschenke. Ipse inv. Radirt. 4.

P. de Jode.
393. Quintinius Simons, Historienmaler. A. van Dyck p. kl. fol. Szwykowski 178. Guter zweiter Druck. Ohne Plattenrand. Die rechte Unterecke eingerissen.

---

*) Wenzel Hollar. Beschreibendes Verzeichniss seiner Kupferstiche von G. Parthey. Berlin 1863.

J. Jordaens.
394. Mercur und Argus. Radirt. qu. fol

J. V. Kininger.
395. Achilles bei der Leiche des Patroklus trauernd. H. Füger p. Schwarzkunst. gr. fol. In den Plattenrand eingerissen, und mit einer Falte.

J. S. Klauber.
396. Petit Ecolier de Harlem. C. Poelenburg p. gr. 4.

J. A. Klein.
397. Die zwei Reitknechte hinter der Wiener Hofburg. qu. 4. Jahn 70.
398. Der Hufschmied. qu. 4. J. 71.
399. Die vier ungarischen Ochsen. qu. fol. J. 123.
400. Merinos. qu. fol. J. 128.
401. Die Schaafschur. qu. fol. J. 223. Matt.
402. Die beiden Kuhköpfe. qu. 4. J. 313.

J. A. Koch.
403. Schwur der Franzosen bei Montenesimo. Radirt. gr. qu. fol. Mit Risschen im äussern Papierrande.

B. de La Barthe.
404. Gebirgige italienische Landschaft mit Staffage, links vorn ein Wasserfall. J. Both p. Radirt. qu. fol. Aetzdruck.

J. Lacroix.
405. Veduta della Citta di Cesena. J. Ph. Hackert p. gr. qu. fol.

J. Ph. Le Bas.
406. Le Oeuvres de Miséricorde. D. Teniers p. gr. qu. fol. Alter Abdruck, mit zwei kleinen Wurmlöchern im Schriftrand.
407. Le Midy. Aus der Folge der Tageszeiten. Küstenlandschaft. N. Berghem p. qu. fol.
408. La Boudinière. Interieur einer Bauernschenke, vorn eine Würste bereitende Frau mit vier Kindern. D. Teniers p. gr. qu. fol. Aufgezogen.
409. Ruines Etrusques VI. Felsige Landschaft mit betenden Mädchen. C. Poelenburg p. qu. fol.
410. Ruine eines Triumphbogens des Cajus Julius Antiochus, bei Athen. qu. fol. Seltener Abdruck vor aller Schrift.

411. 4 Bl. Landschaften und Städteansichten mit Staffage. C. W. E. Dietrich, B. Breenbergh, Both p. qu. 4. Ein Blatt beschnitten und aufgezogen.

A. Lefévre.
412. 2 Bl. Maria unterrichtet das Christuskind, und die heilige Anna unterrichtet die heil. Jungfrau. E. De veria del. gr. 4.

J. T. Leonart.
413. J. de Merstraten. Halbfigur nach rechts. A. van Dyck p. Schwarzkunst. fol. Andresen 203.

L. van Leyden.
414. Petrus mit dem Schlüssel und Paulus in einer Landschaft sitzend. gr. qu. 8. B. 106. fleckig.
415. Die kriegerischen Knaben. 8. B. 165. Matt.

G. Longhi.
416. Die Enthauptung Johannes des Täufers. G. Dow p. Radirt. fol. Schöner Abdruck.

Q. Marck.
417. Die Enthauptung Johannes des Täufers. Th. van Thulden p. qu. fol. Ebenso. Im Rande stockfleckig.

W. C. de Mayr.
418. 5 Bl. Ansichten des Schlosses und der Wasserwerke zu Cassel. J. G. Funck del. und J. H. Tischbein p. qu. fol. Spätere Abdrücke und theils fleckig.

J. H. Menken.
419. 4 Bl. Pferde und ein auf Weide stehender Ochs. Radirt. qu. 8. Ein Blatt doppelt.
420. Oberneueland. Landschaft mit grossen Bäumen und Viehheerde. Radirt. qu. fol. An der Platte beschnitten.
421. Waldlandschaft mit Hirschjagd, wahrscheinlich nach Ruysdael. Clairobscur. gr. qu. fol. Seltener unvollendeter Probedruck. An der Darstellung beschnitten und aufgezogen.

F. Michelis.
422. Amalia Augusta, Prinzessin von Anhalt-Dessau, in ganzer Figur als Kind vor einem Christbaum. H. Tischbein p. Aquatinta. fol.

G. Mondet.
423. Abraham und die drei Engel, welche ihm Isaak's Geburt prophezeihen. A. Veronese p. qu. fol.

E. Morace.
424. Ch. F. D. Schubart. Brustbild. J. Oelenhainz p. fol.

J. Neeffs.
425. Ferdinand, Erzherzog von Oesterreich. Kniestück mit Commandostab. In Rahmen. T. van Thulden p. fol.
426. Der Satyr bei dem Bauer. J. Jordaens inv. qu. fol. An der Darstellung beschnitten und aufgezogen.

J. Neidl und J. C. Bock.
427. Zeus als Satyr und Antiope. A. Nahl inv. Punktirt. gr. qu. fol.
428. Dasselbe Blatt. Fleckig.

J. Perini.
429. Charitas. Frau bei drei armen Kindern. B. Schidone p. fol.

B. Picart.
430. Annales de la Monarchie Françoise. Allegorische Darstellung. Mit den Bildnissen Ludwig's XV. und seiner späteren Gemahlin. fol.

M. Pitteri.
431. Brustbild des heil. Franziscus mit dem Crucifix in den Händen. J. B. Piazetta p. fol.

P. Pontius.
432. Le roi boit oder der Bohnenkönig. J. Jordaens p. gr. qu. fol. Später Abdruck.

J. G. Prestel.
434. La Fraicheur de la Soirée. J. Ruysdael p. Aquatinta. gr. qu. fol. Fleckig und beschmutzt.

C. Rahl.
435. Hermann und Dorothea am Brunnen. Nach Goethe J. Gauermann del. gr. qu. fol.

S. F. Ravenet.
436. Die Anbetung des Hirten. D. Feti p. fol.

C. Reinhart.
437. Nel Colosseo. Landschaft mit bewachsenen Ruinen. Aus der Folge. Radirt. qu. fol.

438. Die grosse Landschaft mit den Eichen bei der Mühle. gr. qu. fol.

B. Reiter.

439. 2 Bl. Christus als Kind mit Geissel und Ruthe unter dem Kreuz sitzend, und ein auf einem Todtenkopf sitzender Knabe, Seifenblasen machend. Radirt. 8. Selten. An der Darstellung beschnitten und aufgezogen.

J. E. Ridinger.

440. 4 Bl. aus der Folge der grossen Blätter mit den Fährten der Thiere. Thienemann 187, 188, 191, 193.*) roy. fol. Alte gute Abdrücke.
441. Avions, Hund des Fürsten von Anhalt-Dessau. fol. Th. 331. Fleckig.
442. Ein Fuchs erwürgt zwei Enten bei ihrem Neste. J. E. Ridinger del. E. M. Ridinger sc. fol. Th. 344.
443. 6 Bl. aus der aus 8 Bl. bestehenden Bärenfolge. 4. Th. 517—522. Gute alte Abdrücke. Etwas wasserfleckig.

J. Roux.

444. Schiller's Garten bei Jena. Radirt. qu. fol.

G. F. Schmidt.

445. H. Voguell Esq. of London, Merchant. Kniestück stehend. A. Pesne p. fol. Jacoby 64. Später Abdruck. Ohne Plattenrand und aufgezogen.
446. D. Splitgerber. Banquier. Kniestück. J. M. Falbe p. fol. J. 87. Sehr schöner Abdruck. Selten. Knapp an der Platte beschnitten.

C. G. Schultze.

447. Venus bindet dem Amor die Flügel. Louise Elisabeth Le Brun p. fol. Schöner Abdruck; jedoch brüchig und fleckig.

J. Schumann.

448. 2 Bl. Scenen aus Wieland's Oberon. Nachtstücke. J. Koch inv. gr. qu. fol. Etwas fleckig.

P. Soutman.

449. Betrunkener Silen von Satyr und Mohr geführt. P. P.

---

*) Leben und Wirken des J. E. Ridinger mit ausführlichem Verzeichnisse seiner Kupferstiche, Schwarzkunstblätter und Handzeichnungen von G. A W. Thienemann. Leipzig 1856.

Rubens p. Radirt. fol. Schöner Druck vor der Draperie. Ohne Plattenrand. Aufgezogen. Rechts ein kleines Risschen

N. Helt Stockade.

450. A. van Opstal, Maler. Brustbild. A. van Dyck p. Radirt. 4. Weber 357.*) Guter dritter Abdruck. Ohne Plattenrand; die untere linke Ecke ausgerissen.

R. Suhrlandt.

451 Brustbild des Theologen Dräseke. Lithographie. fol. Mit Facsimile.

J. Suyderhoef.

452. Johannes, Graf von Nassau, Katzenellenbogen etc. Brustbild mit reichem Beiwerk. A. van Dyck p. Radirt. fol.

D. Teniers. Nach ihm.

453. 8 Bl. Verschiedene Landschaften mit Staffage. J. P. Le Bas, C. Testelin etc. sc. gr. 4. Meist an der Platte beschnitten. Einige Blätter etwas fleckig.

C. Tinti.

454. Christus betet im Garten Gethsemane. J. Lanfranchi p. gr. fol.

J. Volpato.

455. Perseus befreit die Andromeda. Polidoro p. qu. fol.

W. Tischbein.

456. 4 Bl. Köpfe nach der Antike. Homer, Odysseus, Diomedes, und Menelaus. Letzteres radirt. fol.
457. Felsige Landschaft mit einer Schlange welche eine Löwenfamilie tödtet. Radirt. fol.

R. Voerst.

458. Christian, Herzog von Braunschweig-Lüneburg. A. van Dyck p. fol. Weber 403. Schöner Abdruck.
459. Simon Vouet, Maler. Halbfigur. Idem p. kl. fol. W. 243. Vierter Abdruck.

L. Vorsterman.

460. A. Cornelissen, Maler. A. van Dyck p. fol. W. 9^b. Guter fünfter Abdruck

---

*) Portraits gravés par et d'après A van Dyck par H. Weber Bonn 1852

161. D. Delmont, Maler. Idem p. fol. W. 257. Vierter Abdruck.

A. Waterloo.

162. Die Mutter mit den drei Kindern. fol. Bartsch 122. Späterer Abdruck.
163. Alpheus und Arethusa. fol. B. 125. Guter Abdruck.

C. W. Weisbrodt.

164. 4 Bl. Landschaften aus Sachsen. J. G. Wagner p. qu. 4. Ein Bl. an der Platte beschnitten und stockfleckig.
165. 2 Bl. Waldlandschaft mit Teich, und Landschaft mit römischen Tempelruinen. J. Ruysdael und C. Poelenburg p. qu. fol. Schöne Abdrücke. Ersteres an der Platte beschnitten und fleckig.

G. W. Weise.

166. 2 Bl. Kanallandschaft mit einem Dorf bei Mondschein, und bergige Landschaft mit breitem Fahrweg. C. W. E. Dietrich und J. G. F. Tiebel p. fol. qu. fol.

J. G. Wille.

467. Agar présentée à Abraham par Sara. C. W. E. Dietrich p. gr. qu. fol. Le Blanc 1.*) Vierter Abdruck. An der Platte beschnitten und aufgezogen.
468. Repos de la Vierge. Idem p. fol. Le Bl. 2. Dritter Abdruck. Gebräunt.
469. Le Concert de Famille. G. Schalken p. gr. fol. Le Bl. 54. Grau.
470. 2 Bl. Les Délices maternelles, und Les Soins maternelles. P. A. Wille p. fol. Le Bl. 58. 59. Ersteres mit wenig Rand.
471. Gazettière hollandoise. G. Terburg p. fol. Le Bl. 68. Guter zweiter Druck. Nahe an der Platte beschnitten und gewaschen.

F. van den Wyngaerden.

472. Zwei Bauern in Halbfigur. D. Teniers inv. Radirt. 8.

A. Zingg.

473. Ecueil dangereux. J. Vernet p. qu. fol. Fleckig.

---

*) Catalogue de l'oeuvre de J. G. Wille par M. C. Le Blanc. Leipzig 1847.

J. G. Zschoch.

474. Portrait von Garve. Brustbild. A. Graff p. 4.

J. Stolker.

475. Brustbild eines Mannes mit Schnurr- und Kinnbart und grossem Hut. Rembrandt p. Aquatinta. fol.

Unbekannt.

476. Landschaft mit der heil. Familie, Elisabeth und Johannes. In Tizian's Manier. Radirt. qu. fol.

Convolut.

477. 78 Bl. Diverse Darstellungen in ältern und neuern Kupferstichen.

Neuere Kupferstiche.

C. Becker.

478. Ecce Homo. A. Teschner p. Vereinsblatt des Museums für Kunst. gr. fol. Schöner Abdruck. Etwas fleckig.

A. Begas.

479. Maria und Johannes vom Grabe Christi zurückkehrend. B. Plockhorst p. Mezzotinto. Vereinsblatt des Museums für Kunst. gr. fol. Unten am Plattenrand stark eingerissen.

F. Chevalier.

480. Brustbild des Heilandes. P. Delaroche p Lithographie in Tondruck. Oval. fol.

D. Cunego.

481. Friedrich II., König von Preussen, unter Bäumen. F. Cuningham p. gr. fol. Moderner Abdruck.

H. Dröhmer.

482. Christus und die Ehebrecherin. B. Plockhorst p. Mezzotinto. gr. fol. Vor der Schrift, nur mit den Künstlernamen.

H. Fincke.

483. Ansicht von Florenz. E. Biermann del. Radirt.

Von Dröhmer vollendet. gr qu. fol. Im breiten Rand stark eingerissen.

E. Mandel.
484. Kinder mit Blumen spielend. E. Magnus p. Vereinsblatt des Museums für Kunst. fol.

W. Witthöft.
485. Der grosse Kurfürst nach der Schlacht bei Tilsit. H. Kretzschmer p. Mezzotinto auf Chines. Papier. qu. roy. fol.

Radirungen und Kupferstiche.

C. W. E. Dietrich.
486. Die zum Thor heraus kommende Heerde. qu. fol. Linck 134.*) Seltener II. Abdruck.

A. van Everdingen.
487. Die Landschaft mit dem Mühlstein. 8. B. 9.
488. Der schleichende Fluss. qu. 8. B. 33.
489. 2 Bl. Der Fluss im Gehölz, und die beiden leeren Nachen. 8. qu. 8. B. 101. 60. Spätere Abdrücke.
490. 56 Bl. Die Darstellungen zu Reineke Fuchs. qu. 8. B. 1—57. Vollständige Folge, bis auf 1 Bl., der Gottsched'schen Ausgabe mit deutschem Text auf der Rückseite.

V. Green.
491. Elisa erweckt das Kind der Sunamitin. B. West p. Schwarzkunst. gr. qu. fol. Fleckig und der Rand umgebrochen.

C. Jacque.
492. Die Schweineheerde. Radirt. qu. fol. Chines. Papier.

C. Du Jardin.
493. Die Maulesel. 4. B. 2. Guter Druck mit der Nummer.
494. Der Ochsenhirt mit drei Ochsen. qu. 4. B. 22.
495. Der Ochse und das liegende Kalb. 4. B. 30.

---

*) Monographie der von C. W. E. Dietrich radirten, geschabten und in Holz geschnittenen malerischen Vorstellungen von J. F. Linck. Berlin 1846.

496. 2 Bl. Ruhendes Schaaf, und Schaaf und Lamm. qu. 12. B. 37. 42. Gute Abdrücke mit Nummern.

Fr. Kobell. (Nach ihm).

497. Landschaft mit Brücke an einem Gehölz. qu. 4. Etwas fleckig.

S. Marvy.

498. 4 Bl. Landschaftliche Ansichten. Radirt u. Aquatinta. 4. qu. 4. Chines. Papier.

A. van Ostade.

499. Das Fest unter dem grossen Baum. qu. fol. B. 48. Späterer Abdruck, wie die Folgenden.
500. Die Mahlzeit. qu. fol. B. 50. Der Rand abgeschnitten.
501. Das Tischgebet. 4. B. 34.
502. Der Mann und die Frau in Unterredung. 8. B. 12 Alter Abdruck.
503. Der Charlatan. 4. B. 43. Neuer Abdruck.

H. Saftleven.

504. Die Kuhmelkerin. qu. 4. B. 34. Später Abdruck.

Rembrandt.

505. Joseph und Potiphar's Frau. qu. 8. B. 39. Späterer Abdruck.
506. St. Hieronymus im Zimmer. Nachtstück der Schwarzkunst. qu. 4. B. 105. Guter Abdruck.
507. Das französische Bett. qu. fol. B. 186. Copie dieses sehr seltenen indecenten Blattes.
508. Die nackte Frau mit den Füssen im Wasser. 8. B. 200. Guter alter Abdruck.
509. Der grosse Coppenol. 4. B. 283. Alter III. Abdruck von der beschnittenen Platte.
510. Der Greis mit dem grossen Bart. 12. B. 291. Copie von Graf A. G. P. v. Bizemont.

W. Ward.

511 Die Folgen des jugendlichen Leichtsinns. G. Moreland p. Schwarzkunst. gr. fol. Etwas fleckig.

A. Waterloo.

512. 12 Bl. Die Folge der Landschaften. B. 21—32. qu. 8. Aeltere Abdrücke mit R. und J. Ottens' Adresse.

513. 2 Bl. Die beiden Eremiten und die Bretterbrücke. qu. 4. B. 17 52. Spätere Abdrücke.
514. 2 Bl. Apollo u. Daphne, Venus u. Adonis. fol. B. 126. 129. Ebenso. 1 Bl. gebräunt.

W. Woollett.

515. 2 Bl. Morgen und Abend. H. van Swanevelt p. gr. qu. fol. Gute Abdrücke; aber fleckig, brüchig und mit wenig Rand.

Holzschnittwerk.

516. Gallerie der Meisterwerke altdeutscher Holzschneidekunst. Nach Dürer, Cranach, Goltzius u. A. In facsimilirten Nachbildungen. Herausgegeben von A. von Eye und F. Falke. I.—VIII. Lieferung mit 24 Blättern nebst Text. gr. fol.

Holzschnitte etc.

H. da Carpi.

517. Lesende Sibylle, vor ihr ein Kind mit einer Fackel. Raphael inv. Clairobscur in Braun. kl. qu. fol. B. Cl. V. N. 6.

L. Cranach d. A.

518. Christus und die Samariterin am Brunnen. Holzschnitt, wie die Folgenden. fol. Schuchardt 32. Guter Druck. Das rechte obere Eckchen ergänzt.
519. Brustbild Kurfürst Johann Friedrich I. des Grossmüthigen. Im Kurornat mit Schwert. 4. Sch. 169. Schöner alter Druck aus dem Buche.
520. Brustbild Luther's, nach links gewandt. Zu beiden Seiten des Kopfes 15—46. 8. Sch. 182. Ebenso.

L. Cranach d. J.

521. Ph. Melanchthon, in ganzer Figur, stehend. Oben rechts ein Wappen. kl. fol. Ebenso. Mit einigen kleinen Wurmlöchern. Aufgezogen.

A. van Ostade.

522. Die Mutter und die beiden Kinder an der Hausthür. 8. B. 14. Guter alter Abdruck. Aufgezogen.

Valerio.

523. Weidenbäume am Wasser. Radirt. Schmal. 8.

Handzeichnungen.

C. W. E. Dietrich.
524. Sitzendes Mädchen mit entblösster Brust, von Amor belehrt. Bleistift und Tusche. Oval. 4.

E. Dietz.
525. Hügelige Landschaft mit Ruine. 1828. Sepia. gr. qu. 8.

C. D. Friedrich.
526. Mondlandschaft mit Wasser, Zugbrücke und Ruine. Sepia, Tusche und Ocker. qu. 8.

J. C. Gessner.
527. Waldlandschaft mit breitem Wege, worauf im Hintergrunde ein Reiter zu sehen. Aquarell. Bez. Aus A. Graff's Sammlung. qu. fol.

J. Ph. Mackert.
528. Ruinen des Minervatempels bei Rom. Bister. qu. fol.

J. Chr. Klengel.
529. Ruine am Wasser. Sepia. kl. qu. fol.

Ferd. Kobell.
530. Felsblock, worauf zwei Männer, einer stehend vom Rücken gesehen. Tusch. kl. 4.
531. 2 Bl. Bewachsene Felsschluchten mit Wasserfällen. Schön in Sepia und weiss erhöht. Schmal. gr. 8. Aus Börner's Sammlung.
532. 2 Bl. Mondscheinlandschaft mit am See gelegener Bergruine, und Landschaft mit grosser am Wasser gelegener Ruine, im Sturm. Schön in Bister und Tusche. qu. 4. Aus Börner's Sammlung.

Franz Kobell.
533. Schöne baumreiche Gebirgslandschaft. In der Mitte ein abwärts führender Weg, worauf ein Reiter. Fleissig in Sepia, wie die Folgenden. qu. fol
534. Gleiche Darstellung. In der Mitte ein weites Thal mit Fluss und Ruinen einer Stadt, dahinter Gebirge. Links vorn zwei liegende Frauen. qu. fol.
535. Gleiche Darstellung mit grosser am See gelegener Stadt. Vorn ein Schäferpaar mit Schaafen. gr. fol. Aus Börner's Sammlung.

J. Ph. Lemcke.

536. Reitergefecht. Tusche. Stammbuchblatt mit dem Namen des Meisters. qu. 8.

L. E. Lüdke.

537. Gebirgslandschaft mit am Fluss gelegenem Städtchen. Fleissig getuscht. 8.

J. Orient (van Bloemen).

538. Weite bergige Landschaft, links ein mit Mauer umgebener Garten. Aquarelle. qu. 8.

A. F. Oeser.

539. Psyche steigt mit der Lampe auf das Lager Amor's. Raphael inv. Sepia. qu. fol.

G. Ph. Rugendas.

540. Reiter mit bepackten Pferden. Tusche. gr. qu. 8.
541. Reitergefecht mit Türken. Sepia und weiss gehöht. Unten links mit Namen und Jahreszahl etc. Aus Börner's Sammlung, wie das Folgende. qu. fol.
542. Gleiche Darstellung. Sepia und Weiss gehöht. Ebenso bez. qu. fol.

R. Savery.

543. Waldlandschaft mit Steg über einen Fluss. In Grau und weiss gehöht. Aus der Sammlung der Fürsten von Schwarzenberg. qu. fol.
544. Grosse Gebirgslandschaft mit Stadt im Hintergrund, im Vordergrund Reisende. In farbigen Tuschen. qu. fol.

M. Tuscher.

545. Allegorie auf die Vergänglichkeit. Fleissig in Tusche. Der Name ist in Griechisch auf einem Stein. Rund. kl. 4.

J. G. Wagner.

546. Flusslandschaft mit felsigen Ufern, im Hintergrund ein Dorf. Mit figürlicher Staffage. Schön in Bleistift und Sepia. qu. fol. Aus Börner's Sammlung.

H. Th. Wehle.

547. Landschaft mit schönen grossen Bäumen. Auf breitem Wege eine Heerde mit Hirt. Schön in Bleistift und Sepia. qu. fol.

J. Werner.

548. Allegorische Darstellung mit neun Jungfrauen, die bil-

denden Künste. Tusche und Weiss gehöht auf grünem Papier. Mit dem Namen des Künstlers. fol.

J. de Wit.
549. Vier nackte Genien auf Wolken vor einem Altar. Aquarell. qu. fol.
550. Zwei Genien auf Wolken mit Füllhorn. Feder und aquarellirt. 4.
551. Zehn Genien mit Fruchtgewinden. In Rubens' Manier. Feder und Bister. qu. fol.

Kupferstiche und Radirungen.

L. v. Babo.
552. 6 Bl. Ansichten aus dem Neckarthale nach der Natur. Erstes Heft. Radirt. qu. fol.

Ph. Caporali.
553. Blindekuh spielende Kinder. N. Poussin p. Von Longhi beendet. qu. fol. Etwas stockfleckig.
554. Dasselbe. Ebenso.

M. Ellenrieder.
555. 2 Bl. Die Eltern der Künstlerin. Radirt, wie die Folgenden 8.
556. Die Verlobung der heiligen Katharina. R. Langer p. 4.
557. Die heilige Jungfrau in einem Buche lesend. 4.

C. Frommel.
558. Villa d'Este in Tivoli. gr. qu. fol.
559. 2 Bl. Der Aetna und der Vesuv. gr. qu. fol.
560. Coburg und seine Umgebungen. C. Reiss del. Stahlstich aus Frommel's Atelier. qu. fol.

F. Grosspietsch.
561. 5 Bl. Ansichten aus den Umgebungen Neapels. Erstes Heft. Radirt. gr. qu. fol.

C. Haldenwang.
562. 6 Bl. Sechs landschaftliche Compositionen, erfunden von Wehle. Aquatinta. qu. 8.

W. Hesslöhl.
563. Vermählung des Markgrafen Rudolf 1. von Baden

mit Kunegunde von Eberstein. A. Gräfle p. Badisches Kunstvereinsblatt. fol. Chines. Papier.

L. Hoffmeister.
564. Die Gräberstrasse in der Campagne bei Rom. H. Burkel p. qu. fol. Chines. Papier.

A. Karcher.
565. Madonna mit Engel und St. Magdalena, Motiv aus dem heil. Hieronymus des Correggio. Rund. 4.

C. Kuntz.
566. Schaafe und zwei Kühe auf der Weide. A. van de Velde p. Radirt. qu. fol.
567. Dasselbe.

R. Kuntz.
568. 5 Bl. Pferde-Studien. Originallithographien. 4. qu. 4. qu. fol. In Umschlag.

F. Lignon.
569. Grossherzog Ludwig von Baden. Brustbild. fol. Vor aller Schrift u. auf Chines. Papier.

C. Lindemann-Frommel.
570. Rom von den Kaiserpallästen auf dem Palatin. Stahlradirung. Rheinisches Kunstvereinsblatt. gr. qu. fol. Chines. Papier.

A. Lucas.
571. 10 Bl. Hermann und Dorothea von Goethe, nach Zeichnungen von M. Oppenheim. Lithographien. qu. fol. In Umschlag.

J. Marri.
572. Der Johannesknabe in einer Landschaft ruhend. H. Carracci p. Von Longhi beendet. qu fol.

L. Meixner.
573. Schlossruine Heidelberg in Baden. Verhas del. Aquatinta. Aus dem König-Ludwigs-Album. qu. fol.

C. Müller.
574. Clemens August, Erzbischof von Cöln. Brustbild. F. Ittenbach p. fol. Chines. Papier.

E. Neureuther.
575. Der Künstler nach dem Maskenfest in München 1840. qu. fol. Chines. Papier.

576. 4 Bl. Raeiruugen von E. Neureuther: Der wilde Jäger, nach Bürger, heute roth, morgen todt, Bauernregel nach Uhland, Kinder-Maskenzug und Hochzeit. fol. In Umschlag.

J. F. Obertbür.

577. Maria mit dem schlafenden Kinde, Parce Somnum rumpere. Tizian p. qu. fol.
578. Dasselbe. Vor der Schrift.
579. Johannes mit dem Lamme. Ecce Agnus Dei. B. Luini p. 4. Vor aller Schrift und auf Chines. Papier.

Z. Prévost.

580. Die Italienerin auf den Trümmern ihres Hauses. L. Robert p. Aquatinta. Badisches Kunstvereinsblatt. qu. roy. fol.

J. v. Sulzer (österreich. Hauptmann.)

581. Der Hund des Regiments Prohaska. 1851. Radirt. qu. 4. Chines. Papier.
582. Dasselbe.

D. Quaglio.

583. 24 Bl. Landschaftliche Gegenstände, erfunden und radirt. 4. 8. 12. In Umschlag.
584. 24 Bl. Dieselben.

E. Rauch und B. Herder.

585. 2 Bl. Münster zu Freiburg und Strassburg, letzteres Blatt Lithographie. fol.

J. T. Richomme.

586. La Vierge au Silence. H. Carracci p. Badisches Kunstvereinsblatt. qu. fol.

J. E. Ridinger.

587. 2 Bl. Hirsche, vom Herzog von Würtemberg 1765 geschossen. T. D. Wocher del. fol. Alte Abdrücke.

E. E. Schäffer.

588. Dante im Paradies. P. Cornelius del. qu. fol Gebräunt und stockfleckig.
589. Kopf eines Orientalen aus dem Verkauf Joseph's. F. Overbeck p. fol. Wasserfleckig.

L. Schöninger.

590. Eine Alpe. R. Eberle p. Rheinisches Kunstvereinsblatt. Galvanographie. qu. roy. fol.

Ch. Schuler.

591. Barde vor der Königsfamilie. Huxol p. Rheinsches Kunstvereinsblatt. gr. qu. fol.

R. Winter.

592. 12 Bl. Thierstudien in Italien, gezeichnet im Jahr 1830 und radirt. qu. 8. In Umschlag.

Unbekannt.

593. Ansicht aus dem Schlosshof zu Heidelberg. gr. qu. fol. Verschnitten und aufgezogen.

Werke.

594. Abbildungen und Denkmale der Kunst des Alterthums zu Joh. Winckelmanns sämmtlichen Werken. Donaueschingen 1826. 69 Bl. Lithographien, mit Portrait von Winckelmann. fol.
595. Umrisse zu Dante's göttlicher Komödie von Bonaventura Genelli. 36 Blatt in neun Lieferungen. qu. fol. Vom Künstler selbst gestochen.

Kupferstiche und Radirungen in guten Abdrücken.

N. Barthelmess.

596. Der Feiertag. Interieur mit Bibel vorlesender Frau und zwei Zuhörern. A. Siegert p. fol.

J. H. Blees.

597. Gebirgige Landschaft mit Wasserfällen und grossem Brunnen. Links Hirt und Heerde. J. B. Klambeck p. Radirt. Albrecht-Dürer-Vereinsblatt für 1864. gr. qu. fol. Schöner Abdruck.

J. M. Enzingmüller.

598. Ecce Homo. Halbfigur Christi. Nach einem neueren Meister. fol. Sehr schöner Abdruck vor aller Schrift.

F. Geissler.

599. Das Innere der Lorenzkirche zu Nürnberg. M. E. Ainmüller p. Albrecht-Dürer-Vereinsblatt für 1837. fol.

F. Hablitscheck.

600. Das Sacramentshäuschen von A. Krafft in der Lorenzkirche zu Nürnberg. F. C. Mayer p. Dessgleichen. fol. Schöner Abdruck.

A. Martinet.

601. Madonna mit dem schlafenden Kinde und Johannes. Raphael p. Rund fol. Etwas unreiner Druck.

R. Morghen.

602. Mater divinae Gratiae. B. Garofalo p. kl. fol. Guter Abdruck.
603. Dasselbe. Ebenso.

F. Müller.

604. Der Sündenfall. Raphael p. fol. Andresen. Vierter Abdruck.
605. Dasselbe. Ebenso.

H. L. Petersen.

606. Unter grosser Baumwurzel sitzende Kinder, sich vor Regen schützend. A. van der Embde p. Albrecht-Dürer-Vereinsblatt 1840. fol.

A. Reindel.

607. Gott Vater auf Wolken sitzend in Unterredung mit Christus. H. Füger inv. fol. Schöner Abdruck vor aller Schrift.
608. Maria mit dem Kinde auf dem Schooss. L. da Vinci p. fol. Seltner Probedruck vor aller Schrift.
609. 2 Bl. Antike Basreliefs und Statuen. Rand eingerissen. qu. fol. Vor der Schrift.

J. L. Raab.

610. Auf seine Tochter gestützter, blinder gehender Bettler in Gewitterlandschaft. J. Becker p. fol. Schöner Abdruck vor der Schrift.

L. Richter.

611. Die Christnacht. Reiche Composition. Radirt Sächsisches Kunstvereinsblatt. 1854. gr. fol. Schöner Abdruck auf Chines. Papier.

C. Rosée.

612. Vor der Hausthür sitzender blinder Geiger, rechts neben ihm ein bettelndes Kind. J. F. R. Kreul p. fol. Schöner Abdruck vor der Schrift.

A. Schultheiss.

613. Maitag. Dorfschullehrer mit seinen Kindern im Zuge gehend. C. E. Boettcher p. Albrecht-Dürer-Vereinsblatt für 1863. gr. qu. fol.
614. Die Abendglocke. Kirchhof, vorn eine gehende alte Bauerfrau und spielende Kinder. Th. Schüz p. Desgleichen 1859. gr. fol.

F. Wagner.

615. Johannes der Täufer. G. Reni p. Nürnberger Kunstvereinsblatt. fol.
616. Dasselbe, in schönem seltnen Abdruck mit Nadelschrift und auf Chin. Papier.
617. Christus, Brod und Wein segnend. Figur aus dem Abendmahl von L. da Vinci. fol.
618. Hieron. Holzschuher. Brustbild in verziertem Rahmen. A. Dürer p. fol.

Kupferstich in Glas und vergoldetem Rahmen.

G. Edelinck.

619. Das grosse Crucifix oder Christus am Kreuz von Engeln verehrt. C. Le Brun p. roy. fol. Robert-Dumesnil 17. Die Adresse von Drevet abgeschnitten. Ohne Plattenrand und auf Untersatzbogen gezogen. Dritter Abdruck.

Kupferstiche.

J. Aliamet.

620. Seeküste mit Gebäuden und Fischern. J. Vernet p. qu. fol. Seltener Abdruck vor der Schrift.
621. Incendie nocturne. Idem p. gr. qu. fol.

J. Amman.

612. Das runde Lager. Radirt. qu. fol. Andresen 58.*)

J. H. Apel.

623. Wandernde Musikanten-Kinder. J. Seekatz p. Radirt. qu. fol.

---

*) Der deutsche Peintre-Graveur von Dr. A. Andresen. I. u. II. Bd. Leipzig 1864. 1865.

J. Mc'Ardell.
624. D. E. Hawke, Admiral. Brustbild. G. Knapton p. Schwarzkunst. fol.

R. van Audenaerd.
625. Hagar in der Wüste. C. Maratti del. fol.

C. Auer.
626. Seehafen mit alten Gebäuden. Cl. Lorrain p. Lithographie auf Chines. Papier. qu. fol.

B. Audran.
627. Abnehmung Christi vom Kreuz. N. Poussin p. fol. Andresen 203. Etwas gebräunt.

G. Audran.
628. Rinaldo und Armida. N. Poussin p. gr qu. fol. Robert-Dumesnil 41.*) Schöner alter Abdruck.
629. 6 Bl. das Glück der Seeligen, nach P. Mignard's Fresken in der Kuppel der Kirche Val de Grace. gr. qu. fol.

J. J. Avril.
630. Vue de la Colonne Trajane et l'Eglise Sainte Marie a Rome. A. Storck p. gr. qu. fol.

J. G. Bährenstecher und Kessler.
631. Begräbniss des General Fraser. J. Graham p. qu. fol.

P. Balliu.
632. Der Raub der Hippodamia. P. P. Rubens p. gr. qu. fol. Späterer Abdruck und scharf beschnitten.

J. J. Balechou.
633. August III, König von Polen und Churfürst von Sachsen, mit dem Mohrenpagen. H. Rigaud p. roy. fol. Späterer Abdruck, wie die Folgenden.
634. Dasselbe Hauptblatt.
635. Dasselbe.
636. Dasselbe.

F. Bartolozzi.
637. A. Gardner, Admiral. Halbfigur, auf feuernde Schiffe zeigend. A. Poggi p. Braun punktirt. gr. fol. Schöner Abdruck vor der Schrift. Im Rande etwas brüchig und rissig.

---

*) Le peintre Graveur Français par A. P. F Rob-Dumesnil Tome IX Paris 1865.

638. 2 Bl. Landschaften nach M. Ricci. gr. qu. fol.
J. Ph. le Bas.
639. 2 Bl. Ansichten aus Italien. J. Vernet p. qu. fol.
F. Basan.
640. Le Lever hollandois. F. Micris p. fol.
641. Le Medicin hollandois. G. Terburg p. fol. Etwas beschmutzt.
642. Le Reniement de S. Pierre. M. Valentin p. Gallerie Brühl. qu. fol.
A. Baudouins.
643. 20 Bl. Ansichten von Schlössern, Landschaften mit Staffage und Städtebelagerungen Ludwig's XIV., nach Zeichnungen von F. van der Meulen in Gemeinschaft mit Huchtenburg und Ertinger radirt. qu. roy. fol. Alte gute Abdrücke.
J. F. Bause.
644. Abraham auf Moria. A. F. Oeser p. 4. Keil 3.
645. Die Macht der väterlichen Liebe. B. Rode del. qu. fol. K. 16.
646. Dasselbe.
647. Artemisia. G. Reni p. fol. K. 15.
648. Der Mann mit Knebelbart u. Mütze. C. W. E. Dietrich del. Radirt u. Aquatinta. 4. K. 24.
649. Serena. J. B. Greuze p. Punktirt. Oval. fol. K. 23. Mit wenig Papierrand.
650. Lucinde. P. Falicnet p. Schwarzkunst. 4. K. 31.
651. 36 Bl. Verschiedene Portraits, fast sämmtlich neuere Abdrücke, einige mehrfach. fol. 4.
J. A. Belmond?
652. St. Katharina von Siena. F. Baroccio inv. Radirt 4.
P. Benazech.
653. La Pêche à la Ligne. J. Vernet p. gr. qu. fol. Etwas eingerissen.
M. R. Bertand.
654. 2 Bl. Le Rocher percé, u. La Barque mise à flot. J. Vernet p. Oval. gr. fol. Aufgezogen.
A. Blooteling.
655. Ein alter Mann, auf ein Medaillon zeigend. Schwarzkunst. fol.

C. F. Boëtius.
656. Hof einer italienischen Herberge. Th. Wyck p. fol. Ohne Plattenrand.

J. Boillot.
657. Necker, Minister. Farbig punktirt. Oval. fol.

A. Caiani.
658. Kain's Opfer P. Benvenuti p. fol.

C. Camerata.
659. Der barmherzige Samariter. D. Feti p. qu. fol.

J. Callot.
660. Der Katafalk Kaiser Matthias' zu Florenz. 1619. fol.

P. C. Canot.
661. L'Hiver, Vue d'Hollande. H. Dubbels p. fol.
662. La Chaumière hollandoise. J. Pillement del. qu. fol.

S. Cardelli.
663. Salmacis u. Hermaphrodit. R. Mengs del. qu. fol.

C. van Caukerken.
664. Martyrium des Heiligen Livinus. P. P. Rubens p. gr. fol. Alter Abdruck aber fleckig und Risse unterlegt.

G. B. Cecchi.
665. Die Verschwörung des Catilina. S. Rosa p. qu. fol.

C. Cesio.
666. 8 Bl. Die Himmelfahrt der heil. Jungfrau, Plafond in der Kirche St. Andrea della Valle zu Rom. J. Lanfranco p. gr. fol.

F. P. Charpentier.
667. Le Mont Vesuve. S. Rosa p. gr. qu. fol. Grau.

G. Chasteau.
668. Der Tod des Germanicus. N. Poussin p. qu. fol. Andresen 327.

Q. P. Chedel.
669. Hermites dans un Desert. J. M. Pierre p. Radirt. fol.

P. Chenu.
670. Vue du Chateau St. Ange à Rome. J. Vernet p. qu. fol.

D. Chodowiecky.
671. Wilhelm Tell. Radirt. qu. fol. Engelmann 384. Etwas fleckig.

Graf Fr. Cicognara. (Dilettant).'
672. Nymphen im Bade. C. W. E. Dietrich p. Lithographie. qu. fol. Selten.

B. R. Comte.
673. 2 Bl. Der Rheinfall bei Schaffhausen, und Wasserfall bei St. Saphorin. G. F. Gmelin u. J Bacler d'Albe inv. gr. qu. fol.
674. Letzteres Blatt nochmals.

A. Ph. Coulet.
675. L'heureux Passage. J. Vernet p. qu. fol.

D. Cunego.
676. 3 Bl. St. Magdalena, Apollo u. Silen, Lucina u. Norandino. A. Carracci u. J. Lanfranco p. qu. fol.

J. Daullé.
677. Charles Alex. v. Lothringen. Brustbild. M. Meytens p. fol.
678. Monsieur de Nestier, zu Pferd in einer Landschaft. L. F. de la Rue p. gr. fol. Brüchig u. fleckig.

R. Daudet.
679. III. Ruine romaine. C. W. E. Dietrich p. qu. fol.

L. Desplaces.
680. L'Amour refugié dans la maison d'Anacreon. A. Coypel p. fol. Ohne Plattenrand.
681. Le Triumphe de Titus et Vespasian. J. Romano p. gr. qu. fol. Etwas gebräunt.

C. W. E. Dietrich.
682. Die Abnehmung Christi vom Kreuz. Radirt. fol. Nach der Nummer.

F. Dietrich.
683. Parkpartie mit alten Weiden. J. H. Wehle del. Aquatinta. fol.

N. Dorigny.
684. Die Anbetung der Weisen. C. Maratti p. gr. fol.

M. Dorigny.
685. Die Darstellung im Tempel. S. Vouet p. gr. fol. Vergl. Robert-Dumesnil.
686. 2 Bl. Cybele u. Saturn von Spes, Amor u. Venus zerzaust. Idem p. fol.

P. Drevet.

687. Alex. Pini, Dominikaner. Halbfigur. F. J. Audray p. fol.
688. Marie Cadesne, Gattin des Bildhauers Desjardins. Kniestück. H. Rigaud p. fol. Im Gesicht etwas berieben und ohne Plattenrand.

Th. Driendl.

689. Napoleon aus dem Grabe hervorgehend. H. Vernet p. Lithographie auf chines. Papier. fol.

E. Earlom.

690. Soldaten an der Seeküste. S. Rosa p. Radirt. fol.

J. Faber.

691. E. Probyn. Kniestück. Schwarzkunst. fol

A. J. de Fehrt.

692. Le galant Jardinier. J. M. Pierre p. fol.

P. Filloeul.

693. Schreibender Gelehrter im Zimmer. Rembrandt p. Galerie Brühl. fol.

C. G. Geysser.

694. Die Verstossung der Hagar. C. W. E. Dietrich p. fol.
695. Dasselbe. Ein Riss ausgebessert.
696. Landschaft mit Fischern. N. Berghem p. qu. fol.
697. Dasselbe. Vor der Schrift.

J. Gilberg.

698. Landschaft mit Teich und Bauerngehöft. F. Boucher del. Röthelmanier. qu. fol.

W. F. Gmelin.

699. Erzherzog Maximilian, Deutschordensmeister. Brustbild. fol.
700. Der Rheinfall zu Schaffhausen. J. J. Schalch p. gr. qu. fol. Fleckig.
701. Dasselbe. Ebenso.
702. Grotte des Neptun zu Tivoli. 1816. gr. fol.
703. 2 Bl. Ansichten im obern und untern Stock der Villa des Mäcen zu Tivoli. gr. qu. fol. Etwas bestäubt und bis zum Plattenrand beschnitten.
704. 2 Bl. Dieselben. Ebenso.

F. Godefroy.

705. Vue proche de Gênes. J. Vernet p. qu. fol. Bestäubt und aufgezogen.

J. Gole.
706. Kampf zwischen zwei türkischen und einem christlichen Reiter. J. Huchtenburgh inv. Schwarzkunst. qu. fol. Copie.

J. Goupy.
707. Hiero nöthigt Archimed zur Vertheidigung von Syracus. S. Ricci p. Radirt. fol.

L. Gruner.
708. Das Schweisstuch mit dem Kopf des Heilandes. F. Guercino p. qu. 4.

G. W. Grunewald:
709. Eine in's Bad steigende junge Frau. J. F. de Troy p. fol. Vor der Schrift.

H. Gutenberg.
710. Die Hexe zu Endor. S. Rosa p. fol. Vor aller Schrift.

G. Haas.
711. Friedrich (VI.) Prinz von Dänemark lässt das Regiment der Garde du Corps maneuvriren. C. A. Lorentzen p. qu. fol. Unten im Rand eingerissen.

J. E. Haid.
712. Cimon und Pero. C. Loth p. Schwarzkunst. qu. fol. Aufgezogen.

J. J. Haid.
713. Ch. L. von Löwenstern, Maler. J. C. Fiedler p. Schwarzkunst. fol.

F. Hegi.
714. Ruhende Heerde mit lausender Hirtin. J. H. Roos p. Aquatinta. gr. fol.

M. Herzinger.
715. 2 Bl. Landschaften mit Heerden nach J. H. Roos u. F. Londonio. Aquatinta· fol. qu. fol.

C. Horny.
716. Die Linde in Tannrode. 1792. Handzeichnung. Feder u. Bister. qu. fol.

M. M. Igonnet.
717. La pourvoyese Flamande. F. Mieris p. fol.

L. Janscha.

718. Landschaft mit ruhender Heerde. J. Rosa p. gr. qu. fol.

A. Kaufmann und J. Zucchi.

719. Die Apostel Petrus und Paulus in Unterredung. G. Reni p. Radirt. fol.

M. Keyl.

720. Der Maler in seinem Atelier. C. Bega p. Galerie Brühl. fol.

J. S. Klauber.

721. Femme de F. Micris. F. Micris p. fol.

J. Kollmann.

722. Arrivée de J. J. Rousseau aux Champs élisées. J. M. Moreau del. Röthelmanier. qu. fol.

T. Langer.

723. 2 Bl. Die Giebelfelder des Hoftheaters zu Dresden, nach F. Rietschel. Sächsische Kunstvereinsblätter. Chines. Papier. qu. roy. fol. Eingerissen.

J. D. Lempereur (Dilettant).

724. Jesus Christus porté au Tombeau. A. van Dyck inv. Radirt. fol. Aufgezogen.

G. Lairesse.

725. 2 Bl. Mädchen mit Statuette oder die Malerin und weinendes Kind. Schwarzkunst. 8.

J. J. Langenhöffel.

726. Psyche und Mercur. Crayonmanier in Farben. fol.

M. Lasne.

727. St. Franciscus de Paula. P. P. Rubens inv. fol. Aufgezogen.

H. F. Laurin.

728. Landschaft im heroischen Stil mit Heerde. J. C. Klengel inv. Radirt. gr. qu. fol.

C. E. Lempereur (C. E. Cousinet femme de Lempereur).

729. Le Calme. Seehafen. J. Vernet p. qu. fol.
730. Dasselbe.

C. A. Littret.

731. Diane endormie. St. Quentin p. qu. fol. Ohne Plattenrand.

P. Marchetti.
732. Der Kindermord. Raphael inv. fol.

J. Mason.
733. 3 Bl. Landschaften mit Mühle, Bauerngehöften und Heerden. G. Lambert p. gr. fol. gr. qu. fol.

J. Mechau.
734. 13 Bl. aus der Folge der malerischen Ansichten aus Italien, von Mechau, Dies und Reinhart radirt. fol. qu. fol.

J. L. Mitelli.
735. Die Nacht des Correggio. Radirt. fol.

P. E. Moitte.
736. L'Hymen secret de Didon et d'Enée. M. Corneille p. fol.
737. L'Oeuf cassé. F. Micris p. fol.

C. Müller.
738. Scene aus Schillers Braut von Messina. F. Matthaei p. Aquatinta. gr. qu. fol.

F. Müller.
739. Les quatre Saisons. J. Jordaens p. 4.

M. Natalis.
740. Die heilige Familie mit anbetendem und blumenstreuendem Engel. S. Bourdon p. qu. fol.

R. van Orley.
741. Der Sturz der Verdammten. P. P. Rubens p. roy. fol. Eingerissen.

G. Ottaviani.
742. La Couscuse. Die heil Jungfrau nähend, zwischen zwei Engeln. G. Reni p.. fol.
743. Dasselbe.

J. F. Ozanne.
744. Vue pris dans le port de Dieppe. Ph. Hackert p. qu. fol.

P. L. Parizeau.
745. Le Berceau russe. J. B. le Prince p. qu. fol.
746. Fünf Soldaten in Unterredung. S. Rosa p. Radirt. fol.

J. P. Parrocel.
747. Le Triomphe de Mardochée. J. F. de Troy p. qu. roy. fol. Eingerissen.

S. v. Perger.

748. 13 Bl. Sammlung und Darstellung verschiedener Pferde interessanter Racen. Radirt und in Farben. qu. fol.

R. Persyn.

749. Die Alte, der Soldat und das Mädchen. P. P. Rubens p. qu. 4. Aufgezogen.

J. Pesne.

750. Die Verzückung des Apostels Paulus. N. Poussin p. Radirt. fol. Andresen 228.

C. Pestrini.

751. La Fortezza. Raphael inv. gr. fol. Bestäubt.

G. E. Petit.

752. Portrait von König Franz I. von Frankreich. Tizian p. fol.

J. A. Pfeffel.

753. Der Urindoctor J. Horemans p. Schwarzkunst. qu. roy. fol.

A. Pflugfelder.

754. Allegorie auf die Vermählung des Kronprinzen Friedrich Wilhelm von Preussen. P. Cornelius inv. Radirt. gr. qu. fol.

J. Pichler.

755. Maria und das Kind Jesus. H. Füger p. Schwarzkunst. In Farben. roy. fol.

G. Piranesi.

756. 17 Bl Erster Theil der Architecturen und Ansichten. Radirt. fol. qu. fol. Alte Abdrücke.

C. Ploos van Amstel.

757. Ein Admiral. G. Flinck del. Handzeichnungsmanier. 4.

J. G. Prestel.

758. Der Wasserfall. A. van Everdingen p. Aquatinta wie die Folgenden. qu. roy. fol.
759. Gebirgige Flusslandschaft mit einigen Soldaten im Vorgrund. S. Rosa p. (?) gr. qu. fol.
760. Charite Romaine. Cimon und Pero. G. Cagnacci p. gr. fol.
761. Landschaft mit S. Gessner's Denkmal. H. Wüst. qu. roy. fol.

J. Punt.
762. Der Goldregen der Danae. Tizian p. gr. qu. fol. Ohne Plattenrand.

R. C. Quarry.
763. Gegend mit Brücke bei Tivoli. C. W. E. Dietrich p. Aquatinta. gr. qu. fol. Bis zur Darstellung beschnitten.

C. Rahl.
764. Hermann und Dorothea nach Goethe. J. Gauermann del. gr. qu. fol. Mit Nadelschrift. Bestäubt.
765. Cato der Aeltere. E. Wächter p. Radirt. qu. fol.

J. Raimond.
766. Jesus Christ dans le Sépulcre. T. Zuccaro p. fol.

J. C. Reinhart.
767. 2 Bl. Büffelköpfe. Radirt. 8. qu. 8.

S. Renard de S. André.
768. Christus am Kreuz. C. le Brun p. Radirt. gr. qu. fol. Fehlt Robert-Dumesnil.

N. Rhein.
769. Seehafen mit Schiffen. P. J. Loutherburg p. Schwarzkunst. qu. roy. fol.

F. Roettiers.
770. Die Kreuztragung Christi. N. de Largillière p. Radirt. gr. qu. fol. Fleckig und beschädigt.

G. Saiter.
771. Das Schäferpaar mit den Amoren. Tizian p. qu fol.

G. Scotin.
772. Verlobung der heil. Catharina. A. Turchi p. qu. fol.

P. Schenk.
773. Brustbild der heiligen Jungfrau. G. Reni p. Schwarzkunst. 4.
774. Schäferin mit Lamm. Schwarzkunst. 4.

A. Schlicht.
775. Die Heerde beim Brunnen. J. H. Roos p. Aquatinta. roy. fol. Mit einem Fleck.
776. Landschaft mit Heerde und grossen Bäumen im Vorder-

grund. J. van der Does (?) p. Aquatinta. gr. fol. Bis zum Stichrand beschnitten.

L. Schönberger.
777. Die Wasserfälle von Brusta. Radirt. gr. qu. fol.

F. Schröder.
778. Der Aquäduct auf dem Weissenstein bei Cassel. J. A. Nahl del. qu. fol.

W. Schuldes.
779. Die Enthauptung der hl. Barbara. J. Bergler del. Aquatinta. gr. fol. Scharf beschnitten und ausgebessert.

C. G. Schultze.
780. Ceres. C. Loth p. fol.

J. Schuman und A. Kessler.
781. Louise nach Voss. L. Ph. Strack p. gr. qu. fol. Bestäubt.

L. Schütz.
782. Die Wetterhörner in der Schweiz. C. Ch. Sparmann p. Sächsisches Kunstvereinsblatt. fol.

J. P. Schweyer.
783. 3 Bl. Ansichten bei Chambery und St. Chamend, nach J. J. de Boissieu. Letzteres in zwei verschiedenen Platten. Radirt. qu. fol. 1 Bl. doppelt.

C. W. Seeliger.
784. Brustbild der heil. Jungfrau. Schwarzkunst. 4.

J. C. Sherwin.
785. Die verlassene Schöne. Punktirt und radirt. gr. qu. fol. Faltig.

P. Soutman.
786. Cavalcade des Gross-Türken. P. P. Rubens p. Radirt. fol.

J. Stolker.
787. Alter Mann mit Hut und Ordenskette. Rembrandt p. Schwarzkunst. fol. Gerieben.

P. Tanjé.
788. Les Cyclopes. Th. van Thulden p. fol.

P. F. Tardieu.
789. Les Ruines du Peloponnese. J. P. Panini p. gr. qu. fol. Gebräunt.

P. J. Tassaert.
790. Der Prophet Jonas wird in's Meer geworfen. P. P. Rubens p. Radirt. gr. qu. fol.

M. A. Terbaud.
791. Les Dangers de la Mer. J. Vernet p. qu. fol.

J. J. Thourneysser.
792. Die künstliche Uhr der Kirche zu St. Jean zu Lyon 1660. Cordic del. gr. fol.

S. Valée.
793. Portement de Croix. A. Sacchi p. fol.

J. Ph. Veith.
794. Der flötende Hirt nach N. Berghem. Radirt. Und Copie nach Berghem's Blatt. 4.

T. Vercruys.
795. Grosser Seehafen mit Schiffswerft. S. Rosa p. In drei Platten. qu. roy. fol.

F. Villamena.
796. Die Faustschläger. Satire auf König Heinrich IV. qu. fol.

F. Vivares.
797. Der Morgen. Cl. Lorrain p. gr. qu. fol. Mit wenig Rand.
798. Die Landschaft mit dem Hirten, der sich die Füsse wäscht. G. Lambert p. gr. qu. fol. Leicht befleckt.

W. Walker.
799. Der Knabe mit dem Vogelnest. J. Amoroso p. fol.

J. Watson.
800. J. W. Prinz von Lichtenstein. Halbfigur. A. Sanchez d'Avila p. Schwarzkunst. fol.

H. Winstanley.
801. Gebirgige Landschaft mit Kriegern. S Rosa p. Radirt. gr. fol.

C. A. Wizani.
802. Die Hufschmiede. J. H. Roos p. Aquatinta. fol.
803. Landschaft mit der Hirtin, welche sich die Füsse wäscht. Idem p. Aquatinta. gr. qu. fol. Vor der Schrift.

J. Wölffle.

804. J. Dillis, Galleriedirector zu München. J. Hundertpfund p. Lithographie auf Chines. Papier. fol.

Convolute

von älteren und neueren Kupferstichen im verschiedensten Format, dabei viele gute, aber beschädigte Blätter.

805. 230 Bl. Biblische und geistliche Darstellungen und Heilige.
806. 67 Bl. Mythologische Darstellungen.
807. 87 Bl. Historische Darstellungen.
808. 27 Bl. Allegorien.
809. 137 Bl. Genrestücke.
810. 68 Bl. Portraits.
811. 9 Bl. Plastik.
812. 155 Bl. Landschaften, mit Staffagen.
813. 44 Bl. Marinen. Meist nach J. Vernet.
814. 94 Bl. Thierstücke.

Handzeichnungen.

(Die Namen der Künstler des frühern Besitzers sind beibehalten.)

W. Ahlborn.

815. Ansicht der Villa Malta in Rom. Schöne Sepia-Zeichnung. Bez. 1844. qu. fol.
816. Ruine der Burg über Chiavenna im Norden des Comer-Sees. Ausgeführt in Sepia und Tusche. Bez. 1843. gr. qu. fol.
817. Die Veste Garda und Camaldoli am Garda-See. Bleistift und Sepia. Bez. 1843. gr. qu. fol.

J. Andriessen.

818. Landschaft mit einem mit Pferden und Ochsen bespannten Fuhrwerk. Schön in Tusche. qu. fol.

J. S. Arnold.

819. Eine Vase mit verschiedenen Blumen. In Gouasche ausgeführt. gr. fol.
820. 4 Bl. Blumenbouquets in Vasen und Körben. Schön aquarellirt. fol. und qu. fol.

Fra Bartolommeo.

821. Stehende unbekleidete Figur eines Kindes. Vorzüglich in Kreide auf braunes Papier. kl. fol.

822 Die Figuren der Evangelisten. Geistreiche Federstudie. qu. fol.

W. Bauer.

823. 2 Bl. Ansicht eines Lustgartens und des Coliseo in Rom. Feder und Farben. qu. fol.

A. F. Boudewins.

824. Baumreiche Landschaft mit einem Fluss und antikem Monument. Schöne Rothsteinzeichnung. qu. fol.

F. Beich.

825. Felsige Landschaft mit Wasserfall. Kreide und Tusche. qu. fol.

C. von Bemmel.

826. Studie eines leicht belaubten Baumes. Kreide. Bez. fol.

P. Bemmel.

827. Eine Höhle mit Monumenten. Kreide. qu. fol.
828. Baumreiche Landschaft mit ruhenden Kameeltreibern. Feder und Tusche. qu. fol.

A. Bloemaert.

829. Die heilige Familie, von der heil. Elisabeth verehrt. Vorzüglich in Feder, Sepia und Weiss gehöht. 4. Coll. J. P. Zoomer.

J. van Borssum.

830. Hirten und Heerde am Ufer eines Kanals. Schöne Feder- und Tuschzeichnung. kl. qu. fol.

J. van den Bosch.

831. Holländische Winterlandschaft, ein an einer Stadt vorüberführender, von verschiedenen Figuren belebter Kanal. Vorzüglich in Farben ausgeführt. kl. qu. fol.

A. Both.

832. Ein auf einem Korbe sitzender, lesender Bauer. Kreide auf Pergament. 4. Etwas verwischt.
833. Eine tanzende Bäuerin. Ebenso. 4. Desgl.

Bartolomeus Bremberg.

834. Ansicht von römischen Gebäuden und Ruine unter Bäumen. Feder und Bister. qu. fol.

P. Brill.

835. Felsiges baumreiches Ufer mit Aussicht auf einen, von Schiffen belebten grossen Fluss. Schön in Kreide und Tusche. qu. fol.

Dr. C. G. Carus.

836. Junge Fichtenwaldung. Geistvolle Oelstudie. Bez. qu. fol.

F. Casella di Carona.

837. Jupiter in Gestalt eines Adlers zwingt Asteria. Rothstein. qu. fol.

Christine Chalon.

838. Vier Kinder mit einer Katze. Anmuthige Federzeichnung. Bez. 1775. qu. 8.

Chinesisch.

839. Ein Blumenkorb.- In brillanten Farben auf Reispapier. fol.

Daniel Chodowiecki.

840. Ein stehender Bettelknabe. Rothstein. kl. fol.
841. Brustbild eines Soldaten mit erhobenem Degen. Desgl. kl. fol.

J. Dasveld.

842. Ein Jagdhund verfolgt einen Reiher am schilfigen Teichufer. Vorzügliche Tuschzeichnung. Bez. in verso. kl. qu. fol.

J. Diehl.

843. Drei stehende und eine liegende Kuh in einer Landschaft. Ausgeführte Federzeichnung. fol.

C. W. E. Dietrich

844. Sitzende Dame mit einem Mops; hinter ihr ein Mann im Costüm des Harlekin. Schöne Tuschzeichnung Bez. 1761. 4.
845. Ein junger Mann und ein Mädchen mit Federbarett, Halbfiguren. Schön in Bleistift und Sepia. 4.
846. Zwei trinkende Bauern. Kreide und Sepia. 4.

J. C. Dietzsch.

847. 2 Bl. Bauerngruppen. Sepia. fol.

H. Dreber-Franz.

848. Baumreiche von Wasser durchschnittene Landschaft, im Vordergrunde ein Harfenspieler. Schöne Federzeichnung. Bez. 1838. qu. fol.
849. Entlaubte Bäume, im Hintergrunde ein Dorf. Ebenso. Desgl. qu. 8
850. Baumgruppe am Ufer eines Flusses, hinter welchem ein Dorf. Ebenso. qu. 8.

851. Ein Dorfweg im Winter. Schöne Bleistiftzeichnung. Bez. qu. 8.
852. Ein Schloss, von grossen Bäumen umgeben. Ebenso. qu. fol.

J. C. Droogsloot.
853. Holländischer Kanal im Winter mit Staffage. Vorzügliche Aquarella. qu. fol.

C. A. Egoroff.
854. Christus mit den Jüngern auf dem Wege nach Emaus. Schöne Federzeichnung. Bez. fol.

J. C. Erhard.
855. Gartenanlage auf dem Wall der Burg zu Nürnberg. Vorzüglich in Feder und Sepia. Auf der Rückseite das Thor von Herzog Aura. Schön in Bleistift. kl. qu. fol.
856. Römische Ruine am Monte Testaccio. Schöne Bleistiftzeichnung. Bez. kl. qu. fol.

J. F. Ermels.
857. Gruppen liegender Schafe. Vorzüglich in Kreide. fol.

A. Eversen.
858. Eine alte Strasse in einer holländischen Stadt. Aquarell. fol.

C. Fohr.
859. Statue von Carl v. Anjou im Saal der Conservatoren auf dem Capitol in Rom. Nach einer alten Sculptur. Feder. fol.

A. Friedrich.
860. Eine Glockenblume und Scabiosen. Fleissig in Farben auf braunes Pap. Bez. fol.

J. Friedrich.
861 2 Bl. Weg in einer Felsenschlucht, und Landschaft mit Ruinen. Feder u. Sepia. Bez. 1802. 8.

C. Frommel.
862. Ansicht der Wasserfälle von Tivoli. Oelstudie nach der Natur. qu. fol.

F. Gareis.
863. 2 Bl. Vertumnus und Pomona, und die Jugend und Amor. Bleistift und Weiss gehöht. qu. fol.
864. 3 Bl. Landschaften mit jungen Mädchen. Bleist. Kl. qu. fol.

865. 4 Bl. Weibliche Akte und Figurenstudien. Bleist. qu. fol.

A. Genoels.

866. Italienische Landschaft, im Vorgrunde vier weidende Schaafe. Geistvoll mit der Feder und Sepia. qu. 8.
867. Italienische Landschaft mit Fluss und Gebäuden. Im Vorgrunde ein ruhender Mann. Vorzüglich in Feder und Tusche. Bez. A. Genoels, Archimedes. gr. qu. 8.

J. de Gheyn.

868. Der Winter. Ein Greis in einem Pelz mit einem Feuertopf. Im Hintergrunde Landschaft mit einem Fluss und Staffage. Oben die Zeichen des Thierkreises. Schön in Farben auf Pergament. Rund. fol.

J. Glauber.

869. Bergige Landschaft, im Mittelgrunde Gebäude auf einem waldigen Hügel. Vorzüglich in Feder und Bister. qu. fol.

J. W. von Goethe (der Dichter).

870. Landschaft mit einem Wasserfall über Felsen. Ausgeführt mit der Feder. fol.
871. Landschaft mit Bäumen und Hütten. Im Vorgrunde Wasser. Sepia. kl. qu. fol.

C. W. v. Hamilton.

872. 2 Bl. aufgehängtes todtes Geflügel. Feder. Bez. kl. fol.

E. Hasse.

873. Eine Eiche am Schlossberge bei Teplitz. Vorzügliche Bleistiftzeichnung. Bez. 1841. fol.

C. Hess.

874. Brustbild einer Bäuerin im bayerischen Gebirge. Ausführlich in Bleist. fol.

A. Heydeck.

875. Ansicht von Ruinen am Seeufer bei Bajae. Bleistift. Bez. 1820. qu. fol.

R. van den Hoecke.

876. 3 Bl. Soldatenlager und Landschaft. Geistvolle Kreidestudien nach der Natur. Bez. 1675. kl. qu. fol. Coll. Camberlain.

J. Horemans.

877. 2 Bl. Interieurs mit Karte spielenden und trinkenden Bauern. Feder. fol.

F. Horny.

878. Landschaft mit felsigem, mit Eichen bewachsenem Vordergrunde und Aussicht auf die Gleichenberge bei Gotha. Fleissig ausgeführte Aquarelle. Frühe Arbeit des Künstlers. gr. qu. fol.

A. Hughes.

879. Ein Zigeunerwagen. Bleist. und Weiss gehöht. Bez. 1832. kl. qu. fol.

J. C. Klengel.

880. Landschaft mit einer Wächterhütte unter grossen Bäumen und einer weidenden Heerde im Vordergrunde. Treffliche Rothsteinzeichnung. Bez. gr. qu. fol.

Ferd. Kobell.

881. 2 Bl. baumreiche Landschaften mit Wasserfällen über Felsen. Vorzüglich in Sepia ausgeführt. kl. qu. fol. Coll. J. A. Börner.

Franz Kobell.

882. Landschaft mit einem Fluss, hinter welchem sich Gebirge erheben. Kreide und Sepia. Aus des Künstlers bester Zeit. Bez. Romae. qu. fol. Coll. Winkler und Börner.

J. Kuster.

883. 2 Bl. Landschaften mit Fernsichten und Staffage. Ausgeführt in Sepia. qu. fol.

R. Lafage.

884. Tanz von Nymphen und einem Satyr. Feder. fol.

C. Lieste.

885. Landschaft mit einem Flusse und bewaldeten Ufern. Vorzüglich in Sepia. kl. qu. fol.

Maglioneti.

886. Seeaussicht von der Villa Carnevale in Castellamare. Bleistift und Weiss gehöht. Bez. 1846. kl. qu. fol.

J. H. Menken.

887. Zwei liegende Kühe und ein Pferd. Schön in verschiedenen Kreiden. gr. qu. fol.

J. J. Miville.

888. Ansicht von Rocca Canterana und Rocca di Mezzo. In Bleistift ausgeführt. Bez. kl. qu. fol.

C. Müller.
889. Ansicht von Schloss Stein. Naturstudie in Bleistift und Farben. Bez. 1841. qu. fol.

G. H. Näke.
890. Amor reicht Anakreon die Trinkschale und verschiedene Figurenstudien, auf der Rückseite Köpfe. Geistvolle Federzeichnung. qu. fol.
891. Der Genius des Ruhms nach H. Carracci's Bild in Dresden. Ausgeführt in Kreide auf grundirtes Papier und Weiss gehöht. fol.

v. Neff.
892. Ein schlafendes Mädchen. Bleistift. Bez. 1813. kl. fol.

C. Netscher.
893. Halbfigur einer vornehmen Dame, die Hand auf der Brust. Kreide auf blaues Papier und Weiss gehöht. kl. fol.

B. P. Omeganck.
894. 2 Bl. Landschaften mit Wasser und weidenden Kühen. Tusche. qu. fol.

C. Ockert.
895. Rebhühner im Getreide. Vorzüglich ausgeführtes, colorirtes Rauchbild wie die folgenden. qu. fol.
896. Stehender Dammhirsch und liegende Hirschkuh. Bez. qu. fol.
897. Ein stehender grosser Hirsch. qu. fol.
898. Grosser Hirsch am Wasser. Bez. qu. fol.
899. Dammhirsch und Hirschkuh. 4.
900. Liegende Rehe. 4.
901. Ein sitzender Fuchs. 4.
902. Ein Fuchs am Wasser. 4.
903. Ein Reh über einen Baumstamm springend. 4.
904. Dammwild. 4.
905. Sitzende Hasen. 4.
906. Liegende Rehe. 4.
907. Sitzender Fuchs auf einem Baumstamm 8.
908. Liegender Jagdhund. 4.
909. Springender Hase. 4.
910. Liegendes Dammwild. 4.
911. Ein Dachshund 4.
912. Ein Fuchs auf einem Baumstumpf. 8.
913. Ein Marder auf einem Baumstamm. 4.
914. Ein flüchtiger Hase. 4.

A. Orloffsky.
915. Aussicht vom Marmorpalais in St. Petersburg über die Newa nach der Börse. Kreide. Bez. 1811. qu. fol.
916. Ein ansprengender Kosak. Geistvolle Kreidezeichnung. roy. fol.

G. F. Papperitz.
917. Ansicht der Moritzburg in Halle. Bleistift und Weiss gehöht. Bez. 1847. qu. fol.

P. Peeters.
918. Zwei Schiffe auf bewegter See. Kreide. qu. fol.

L. Penni.
919. Der Tanz der Musen. Feder. qu. fol.

G. Pezzuoli.
920. Ermordung des Lorenzino de Medicis in Venedig. Feder auf blaues Papier und weiss gehöht. kl. qu. fol.

Phillipsen.
921. Ansicht von Trinita de Monte in Rom. Bleistift. Bez. 1809. qu. fol.
922. Andere Ansicht von Trinita de Monte mit grossen Bäumen und Springbrunnen vorn. Schöne Bleistiftzeichnung. Bez. 1820. qu. fol.
923. Grosse Ansicht von Villa Borghese. Ebenso. Bez. gr. qu. fol.

E. Pietsch.
924. Ansicht von Rochsburg. Schönes Naturstudium in Bleistift und Feder. Bez. qu. fol.
925. Ansicht von Kriebstein. Vorzügliches Studium in Farben. qu. fol.

E. Quellinus.
926. Das Urtheil des Paris, im Hintergrunde das Göttermahl bei der Hochzeit der Thetis. Schön in Kreide, Sepia und Weiss gehöht. qu. fol.

C. von Rabus.
927. Felsige Seeküste bei Nachtbeleuchtung mit Segelschiffen auf dem Wasser. Wirkungsvoll in Tusche und Weiss gehöht auf blaues Papier. Bez. gr. qu. fol.

Raphael. (Nach ihm.)
928. 3 Bl. Gott-Vater schafft Himmel und Erde, allegorische Figur der Ewigkeit, und Alexander bewahrt die

Bücher Homer's. Von verschiedenen Künstlern. Bister und Rothstein. qu. fol. u. gr. fol.

St. Rauh.

929. Die Häuser eines Dorfes von Gärten und grossen Bäumen umgeben. Schöne Aquarelle. Bez. kl. qu. fol.

P. Rembrandt.

930. Sitzender Gelehrter vor einem grossen Buch. Wirkungsvolle Bisterzeichnung. fol.

J. Riepenhausen.

931. Ein Schwein mit einem menschlichen Portraitkopf vor einem Weinfass. Carricatur auf eine römische Persönlichkeit. Feder. Bez. 1818. qu. fol.

J. H. Roos.

932. 2 Bl. Verschiedene Gruppen von Schaafen. Kreide und Rothstein. Bez. fol. u. gr. qu. fol.
933. 2 Bl. Heerden in Ruinen. Nach ihm in Tusche und Sepia sorgfältig ausgeführt. gr. fol.

P. P. Rubens. (Nach ihm.)

934. Der trunkene Silen von Satyrn und Nymphen geführt. Feder. qu. fol.

C. Sachtleven.

935. Ein sitzender schlafender Bauer. Kreide. Bez. 4.

F. Salathé.

936. Ansicht in Capri. Schön in Feder und Sepia. qu. fol.

J. Scheffer von Leonhartshoff.

937. Ein sitzender unbekleideter Jüngling. Bleistiftumriss. Bez. 1816. 4.

E. Schleich.

938. Eine Sennhütte auf einer Alme in der Ramsau. In Farben ausgeführt. 4.

F. Schütz.

939. Ein alter Brunnen mit steinerner Umfassung bei Frankfurt a. M. Sepia. kl. qu. fol.

L. von Schwanthaler.

940. Ein stehender Ritter mit Federbarett. Geistreiche Federzeichnung. Bez. kl. fol.
941. Kniestück eines Soldaten mit einer Streitaxt. Vorzügliche Bleistiftzeichnung. Bez. fol.

M. von Schwind.

942. Studienblatt mit männlichen Köpfen und Figuren auf beiden Seiten. Geistvoll mit der Feder. fol.
943. Entwürfe zu Darstellungen deutscher Geschichte; Eginhard und Emma und die Weiber von Weinsberg. Vorzüglich mit der Feder und Bleistift auf beiden Seiten gezeichnet. qu. fol.
944. 5 Bl. Gewandstudien. Ausgeführt in Bleistift. fol.
945. 5 Bl. Desgleichen. Ebenso. fol.
946. 5 Bl. Scizzen von Köpfen und Figuren. Bleistift. 4.

J. F. Starke.

947. Ein Blumenstrauss mit einem Schmetterling. Vorzüglich in Gouache auf grundirtes Papier. Bez. 1827. fol.

A. van Stry.

948. Ein sitzender Mann mit Glass und Pfeife. Schön in Kreide. gr. fol.

J. van Stry.

949. Zwei liegende und eine stehende Kuh in flacher, holländischer Landschaft. Vorzüglich in Kreide und Sepia. qu. fol.

A. Tischbein.

950. Kreuzgang einer romanischen Klosterkirche in Illyrien. Schöne Sepiazeichnung. qu. fol.

J. Tischbein.

951. 2 Bl. Allegorie, und Gruppe mit einem Mädchen, welches einen jungen Mann zeichnet. Feder und Tusche. Bez. qu. 8.

Unbekannt.

952. 9 Bl. heilige Darstellungen nach Hauptbildern von Raphael, Carracci, G. Reni, C. Maratti etc. In Feder und Sepia ausgeführt. gr. fol.
953. 8 Bl. Desgleichen. Ebenso. gr. fol.
954. Pan verfolgt Syrinx. Tusche. Rothstein. 4.
955. Susanna und die beiden Alten. Feder und Bister. kl qu. fol.
956. Liegende unbekleidete Nymphe. Ausgeführt mit der Feder. kl. qu. fol.
957. Ein anmuthiger weiblicher Kopf im Profil. Rothstein. 4.

958. Männliches Portrait Brustbild. Ausgeführt in bunten Kreiden. fol.
959. 4 Bl. Familienscenen. Ausgeführt in Tusche und Sepia. fol.
960. 4 Bl. Desgleichen. Schachspieler etc., im Costüm des vorigen Jahrhunderts. In Farben. fol.
961. Landschaft mit ruhenden braunen und einem stehenden Schimmel bei einem alten Weidenstamme. Sorgfältig in Farben ausgeführt. gr. qu. fol.

A. van de Velde.
962. 3 Bl. Sitzende Hirtenjungen. Vorzüglich in Kreide, eins Gegendruck. 4.

F. Verdier.
963. 4 Bl. Mythologische Darstellungen. Rothstein. qu. fol.

W. Vitringa.
964. Das Ufer eines Seehafens mit Leuchtthurm und reicher Staffage. Vorzüglich in Farben. qu. fol.

G. F. Völker.
965. Ein Lilienstengel. Schön in Tusche. fol.

L. C. Vogel.
966. Blühende Nymphäen. In Farben. fol.

C. C. Vogel von Vogelstein.
967. Männlicher Studienkopf. Vorzüglich in Bleistift, wie die Folgenden. Bez. Rom 1817. gr. fol.
968. 5 Bl. Landschaftsstudien und männlicher Akt. Bleistift und Feder. Bez. qu. fol.
969. 5 Bl. Christus und Werke der Barmherzigkeit. Bleistift. 8.
970. Reiche cyklische Darstellung zu Faust. Eine Hauptcomposition des Meisters. In Umrissen auf Pausepapier. roy. fol.
971. 2 Bl. Römische Frauen. Feder. Bez. 1819. 4.
972. Sitzende Halbfigur einer schönen Römerin. Vorzüglich in Bleistift. Bez. 1817. kl. fol.
973. Der Maler Hickstedt vom Rücken gesehen. Desg. Bez. 4.
974. Porta Vecchia in Perugia. Desgl. Bez. 4.
975. Ansicht von San Rocco und San Cosimato. Vorzüglich in Bleistift. Bez. 1816. kl. qu. fol.

976. Ansicht von Subiaco. Ebenso. Bez. 1817. kl. qu. fol.
977. Grosse Palme in S. Giovanni e Paolo in Rom. Desgl. Bez. fol.
978. Aussicht von den Bädern von Lucca. Degl. Bez. 1819. kl. qu. fol.
979. Ansicht der Bäder von Lucca. Desgl. Bez. 1819. qu. fol.
980. Bei Arriccia. Desgl. Bez. 1818. kl. qu. fol.
981. Parthie von Arriccia. Desgl. Bez. qu. fol.
982. Ansicht von Arriccia. Schöne Bleistiftzeichnung. Bez. 1817. qu. fol.

S. Wagner.
983. Ein Gemsjäger auf dem Anstand. Bleistift. 4.

F. G. Waxschlunger.
984. Fünf Jagdhunde bei einem erlegten grossen Hirsch. Vorzüglich in Feder und Tusche. qu. fol.

F. W. Wegener.
985. Ein Rudel Rehe gehen aus dem Getreide in den Wald. Schön in Sepia ausgeführt. kl. qu. fol.
986. Der Thiergarten bei Püchau mit Edelwild. Capitalblatt in Bleistift und Farben. gr. qu. fol.

P. A. Wille.
987. Ein hübscher Mädchenkopf mit Häubchen. Von J. G. Müller als „La petite Javotte" gestochen. Feder u. Bleistift. 4.

B. Wintter.
988. Ein Edelhirsch. Ausgeführt in Bleistift. fol.
989. Ein Hirsch am Waldrand. In Farben. qu. fol.
990. 3 Bl. Reh, Bär und Hund. Rothstein u. Bleistift. qu. fol.

W. Witthoeft.
991. Im Mühlengrund in Loschwitz. Ausgeführte Bleistiftzeichnung. Bez. 1837. qu. fol.

G. Witting.
992. Porta Capuana in Neapel. Bleistift. Bez. 1846. kl. qu. fol.

Ph. Wouwerman.
993. Ein Knecht hält ein stallendes Pferd, rechts ein Hund. Umrisse in rother Farbe. kl. qu. fol.
994. 5 Bl. Landschaften mit reichster Staffage. Ausgeführte Bleistiftzeichnungen nach Bildern. gr. qu. fol.

J. Zick.

995. 2 Bl. Moses schlägt Wasser aus dem Felsen, und die Kreuzabnahme. Tusche auf blaues Papier und Weiss gehöht. Bez. fol. u. 4.

Convolute.

996. 78. Bl. Biblische, mythologische, historische, Genre-Darstellungen und Köpfe. Darunter hübsche Blätter und gut gehalten.
997. 61 Bl. Landschaften und Thiere. Ebenso.

RUDOLPH WEIGEL'S KUNST-AUCTION IN LEIPZIG.

Versteigerungspreise
der
Kunst-Auction vom 11. December 1865.

Wo unter den Limiten weggegangen, entsprachen die Gegenstände etc. nicht den Anforderungen meiner Herren Comittenten.

Rudolph Weigel.

Nummer	Rt.	ngl	Nummer	Rt.	ngl	Nummer	Rt.	ngl	Nummer	Rt.	ngl
1	—	2	34	—	5	67	—	5	100	—	1
2	—	4	35	—	1	68	1	9	101	—	1
3	—	2	36	1	8	69	—	17	102	—	4
4	—	5	37	—	1	70	3	—	103	—	5
5	—	13	38	—	8	71	—	3	104	—	10
6	—	11	39	—	18	72	—	—	105	—	1
7	—	4	40	—	—	73	—	4	106	—	1
8	1	8	41	—	1	74	—	3	107	—	1
9	—	1	42	—	1	75	—	—	108	—	—
10	2	—	43	—	1	76	—	—	109	—	1
11	1	—	44	—	1	77	—	1	110	—	4
12	—	1	45	—	1	78	—	1	111	—	26
13	1	12	46	—	19	79	—	6	112	—	8
14	2	16	47	—	5	80	—	16	113	—	1
15	1	20	48	—	3	81	—	16	114	—	—
16	1	13	49	—	5	82	—	16	115	—	1
17	—	8	50	—	6	83	—	4	116	—	2
18	1	5	51	—	3	84	—	1	117	—	1
19	—	8	52	—	4	85	—	4	118	—	1
20	1	8	53	—	28	86	—	3	119	—	1
21	1	9	54	—	13	87	—	1	120	—	10
22	1	—	55	—	20	88	—	1	121	—	10
23	5	—	56	—	—	89	—	26	122	—	4
24	1	10	57	—	4	90	1	—	123	—	5
25	2	—	58	—	10	91	—	4	124	—	4
26	—	13	59	—	10	92	—	7	125	—	4
27	—	1	60	—	—	93	—	20	126	—	4
28	—	1	61	—	4	94	—	17	127	—	5
29	—	1	62	—	1	95	1	5	128	—	—
30	—	2	63	—	14	96	—	—	129	—	1
31	—	14	64	—	1	97	—	8	130	—	12
32	2	21	65	—	25	98	—	1	131	—	29
33	1	—	66	2	5	99	—	1	132	—	4

Nummer	Rt	ngl	Nummer	Rt	ngl	Nummer	Rt	ngl	Nummer	Rt	ngl
133	—	1	179	—	6	225	—	8	271	—	—
134	—	—	180	1	15	226	4	8	272	—	1
135	—	5	181	—	6	227	—	5	273	—	15
136	—	4	182	—	6	228	12	21	274	3	10
137	—	6	183	—	23	229	—	12	275	—	20
138	—	1	184	—	5	230	—	4	276	—	17
139	—	5	185	—	3	231	—	8	277	—	10
140	—	3	186	—	14	232	—	—	278	2	5
141	—	—	187	—	11	233	—	11	279	—	16
142	—	3	188	—	16	234	—	7	280	—	7
143	—	16	189	—	1	235	—	1	281	—	23
144	—	6	190	—	1	236	—	2	282	—	22
145	—	6	191	—	1	237	—	1	283	—	25
146	—	5	192	—	3	238	—	1	284	4	8
147	—	1	193	—	4	239	—	3	285	3	20
148	—	1	194	1	1	240	1	8	286	1	8
149	—	2	195	—	2	241	—	2	287	—	3
150	—	1	196	3	20	242	—	4	288	—	6
151	—	9	197	—	4	243	—	4	289	1	17
152	—	4	198	—	16	244	—	4	290	1	15
153	—	12	199	—	4	245	—	1	291	1	8
154	—	13	200	—	8	246	—	3	292	3	—
155	—	10	201	—	5	247	—	10	293	—	13
156	—	14	202	—	5	248	—	11	294	—	1
157	—	1	203	—	6	249	2	—	295	—	3
158	—	2	204	—	1	250	—	8	296	—	12
159	—	20	205	—	28	251	—	7	297	—	10
160	—	—	206	—	5	252	—	1	298	7	21
161	—	1	207	—	9	253	—	7	299	—	16
162	—	4	208	—	1	254	1	10	300	1	16
163	—	—	209	—	—	255	—	—	301	9	—
164	—	2	210	—	20	256	1	10	302	13	—
165	—	1	211	—	—	257	1	—	303	3	10
166	—	5	212	—	5	258	—	12	304	8	10
167	—	—	213	6	20	259	2	—	305	—	12
168	3	—	214	—	28	260	2	17	306	—	20
169	—	2	215	—	—	261	—	26	307	13	1
170	1	7	216	—	1	262	—	12	308	1	—
171	5	—	217	—	4	263	—	8	309	3	8
172	—	3	218	1	—	264	2	20	310	6	8
173	—	1	219	1	25	265	—	—	311	5	—
174	—	4	220	2	7	266	—	6	312	3	—
175	—	5	221	—	11	267	—	8	313	6	5
176	—	5	222	—	20	268	—	8	314	—	15
177	—	8	223	3	11	269	1	10	315	2	5
178	—	1	224	—	5	270	—	7	316	—	5

Nummer	Rd.	ngl	Nummer	Rd.	ngl	Nummer	Rd.	ngl	Nummer
317	—	1	363	—	28	409	—	3	456
318	—	1	364	—	10	410	—	—	457
319	—	3	365	1	13	411	—	2	458
320	—	—	366	—	1	412	—	5	459
321	—	1	367	—	11	413	—	10	460
322	—	1	368	—	14	414	—	5	461
323	—	5	369	1	—	415	—	1	462
324	—	2	370	—	1	416	—	10	463
325	—	3	371	—	1	417	—	—	464
326	—	18	372	—	—	418	—	1	465
327	—	12	373	—	4	419	—	—	466
328	—	7	374	—	14	420	—	—	467
329	—	5	375	—	16	421	—	12	468
330	—	7	376	—	3	422	—	6	469
331	6	5	377	—	—	423	—	—	470
332	1	13	378	—	—	424	—	5	471
333	1	15	379	—	15	425	—	2	472
334	—	9	380	—	—	426	—	1	473
335	—	6	381	—	3	427	—	18	474
336	—	3	382	—	20	428	—	4	475
337	—	4	383	—	9	429	—	—	476
338	—	5	384	—	2	430	—	2	477
339	—	6	385	—	1	431	—	—	478
340	—	4	386	—	4	432	—	1	479
341	—	1	387	—	16	434	—	1	480
342	—	1	388	—	5	435	—	—	481
343	—	1	389	—	15	436	—	1	482
344	—	—	390	—	1	437	—	1	483
345	—	1	391	2	6	438	—	2	484
346	—	1	392	—	—	439	—	8	485
347	1	5	393	—	3	440	4	8	486
348	—	1	394	—	5	441	—	12	487
349	—	—	395	—	2	442	—	11	488
350	—	3	396	—	12	443	1	5	489
351	—	6	397	—	—	444	—	1	490
352	—	4	398	—	3	445	—	2	491
353	2	12	399	—	—	446	1	9	492
354	—	3	400	—	1	447	—	2	493
355	3	14	401	—	—	448	—	1	494
356	—	4	402	—	—	449	—	23	495
357	1	—	403	—	18	450	—	1	496
358	—	2	404	—	1	451	—	1	497
359	—	—	405	—	8	452	1	10	498
360	—	—	406	—	16	453	—	1	499
361	—	2	407	—	5	454	—	—	500
362	—	2	408	—	2	455	—	4	501

Nummer	Rt	ß	Nummer	Rt	ß	Nummer	Rt	ß	Nummer	Rt	ß
502	—	16	548	—	1	594	—	15	640	—	1
503	—	12	549	—	15	595	3	15	641	—	3
504	—	1	550	—	10	596	—	10	642	—	1
505	—	10	551	—	10	597	1	1	643	1	25
506	—	25	552	—	2	598	—	5	644	—	—
507	1	10	553	—	—	599	—	2	645	—	—
508	1	10	554	—	3	600	—	25	646	—	—
509	—	12	555	—	1	601	—	4	647	—	5
510	—	1	556	—	1	602	—	3	648	—	2
511	—	—	557	—	1	603	—	3	649	—	—
512	2	20	558	—	4	604	—	9	650	—	—
513	—	8	559	—	6	605	—	9	651	—	15
514	—	26	560	—	3	606	—	3	652	—	—
515	—	12	561	1	6	607	—	—	653	—	—
516	1	—	562	—	1	608	2	10	654	—	1
517	—	13	563	—	12	609	—	1	655	—	—
518	—	4	564	—	1	610	—	14	656	—	1
519	—	12	565	—	—	611	2	—	657	—	1
520	—	8	566	—	15	612	—	2	658	—	—
521	—	14	567	—	12	613	—	28	659	—	—
522	1	—	568	—	20	614	—	13	660	—	1
523	—	4	569	1	2	615	—	—	661	1	10
524	—	20	570	1	—	616	—	21	662	—	20
525	—	—	571	—	16	617	—	—	663	—	1
526	—	8	572	—	4	618	—	15	664	—	10
527	1	10	573	—	15	619	3	8	665	—	8
528	—	25	574	—	4	620	—	2	666	—	—
529	—	16	575	—	7	621	—	8	667	—	18
530	—	8	576	—	16	622	—	5	668	—	—
531	—	20	577	—	1	623	—	1	669	—	1
532	—	15	578	—	1	624	—	1	670	—	1
533	—	15	579	—	2	625	—	1	671	—	1
534	—	15	580	—	18	626	—	—	672	—	18
535	—	15	581	—	2	627	—	1	673	—	7
536	—	25	582	—	1	628	1	5	674	—	—
537	—	1	583	1	8	629	—	15	675	—	1
538	—	10	584	1	—	630	—	—	676	—	14
539	—	8	585	—	1	631	—	1	677	—	15
540	—	6	586	2	12	632	—	—	678	—	—
541	—	8	587	—	26	633	—	14	679	—	1
542	—	10	588	—	23	634	—	17	680	—	1
543	1	3	589	—	4	635	—	17	681	—	10
544	—	1	590	—	4	636	—	15	682	—	3
545	—	—	591	1	15	637	—	8	683	—	2
546	—	18	592	—	1	638	—	4	684	—	18
547	—	20	593	—	1	639	—	3	685	—	—

Nummer	Rt	ngl	Nummer	Rt	ngl	Nummer	Rt	ngl	Nummer	Rt	ngl	Nummer	Rt	ngl
686	—	1	732	—	18	778	—	—	824	—	15			
687	—	16	733	—	4	779	—	1	825	—	2			
688	—	1	734	—	10	780	—	4	826	—	—			
689	—	—	735	—	—	781	—	—	827	—	2			
690	—	4	736	—	—	782	—	—	828	—	—			
691	—	—	737	—	3	783	—	1	829	—	21			
692	—	18	738	—	—	784	—	—	830	—	26			
693	—	8	739	—	3	785	—	1	831	3	5			
694	—	—	740	—	5	786	—	8	832	1	—			
695	—	—	741	—	12	787	—	—	833					
696	—	1	742	—	2	788	—	—	834	—	8			
697	—	1	743	—	2	789	—	1	835	—	20			
698	—	8	744	—	1	790	—	10	836	—	10			
699	—	2	745	—	1	791	—	1	837	—	2			
700	—	—	746	—	2	792	—	4	838	—	17			
701	—	—	747	—	—	793	—	3	839	1	1			
702	—	1	748	1	15	794	—	—	840	—	2			
703	—	—	749	—	—	795	—	1	841	—	—			
704	—	1	750	—	6	796	—	10	842	—	24			
705	—	—	751	—	—	797	—	12	843	—	4			
706	—	12	752	—	5	798	—	5	844	1	—			
707	—	—	753	—	2	799	—	3	845	—	5			
708	—	1	754	2	—	800	—	4	846	—	—			
709	1	15	755	—	4	801	—	21	847	—	6			
710	1	—	756	—	20	802	—	8	848	3	20			
711	—	12	757	—	16	803	—	2	849	1	5			
712	—	4	758	—	9	804	—	—	850	1	—			
713	—	—	759	—	9	805	2	15	851	2	—			
714	—	8	760	—	16	806	1	5	852	1	1			
715	—	11	761	—	8	807	—	19	853	1	12			
716	—	3	762	1	2	808	—	7	854	—	20			
717	—	1	763	—	1	809	3	—	855	6	—			
718	—	3	764	—	—	810	1	5	856	3	—			
719	—	—	765	—	1	811	—	5	857	—	12			
720	—	1	766	—	—	812	1	16	858	1	1			
721	—	1	767	—	—	813	—	17	859	—	3			
722	—	1	768	—	1	814	2	—	860	—	13			
723	—	—	769	—	4	815	3	—	861	—	21			
724	—	—	770	—	—	816	1	12	862	—	16			
725	—	—	771	—	2	817	2	10	863	—	10			
726	—	6	772	—	1	818	—	18	864	—	20			
727	—	1	773	—	—	819	—	17	865	1	25			
728	—	1	774	—	1	820	1	—	866	—	21			
729	—	—	775	—	—	821	1	1	867	—	20			
730	—	1	776	—	1	822	—	20	868	1	12			
731	—	1	777	—	1	823	—	5	869	3	—			

Nummer	ℛℳ	₰	Nummer	ℛℳ	₰	Nummer	ℛℳ	₰	Nummer	ℛℳ	₰
870	1	6	902	1	10	934	—	5	966	—	5
871	1	10	903	1	7	935	—	16	967	1	1
872	—	2	904	1	6	936	1	18	968	—	5
873	—	16	905	1	6	937	—	—	969	—	20
874	—	4	906	1	8	938	1	18	970	—	17
875	—	8	907	1	5	939	—	14	971	—	8
876	—	18	908	1	5	940	1	12	972	—	25
877	—	2	909	1	1	941	—	13	973	—	10
878	2	—	910	1	5	942	2	15	974	1	—
879	—	10	911	1	2	943	4	—	975	—	11
880	4	1	912	—	22	944			976	2	21
881	2	12	913	1	-	945	3	18	977	—	9
882	2	17	914	1	2	946			978	—	7
883	—	—	915	—	15	947	1	5	979	—	15
884	—	17	916	1	19	948	—	13	980	—	12
885	1	9	917	—	29	949	3	16	981	—	16
886	—	12	918	—	7	950	3	21	982	—	17
887	1	10	919	—	8	951	—	3	983	—	—
888	—	1	920	—	1	952	—	17	984	1	20
889	—	8	921	—	10	953	—	17	985	3	26
890	2	12	922	—	21	954	—	10	986	9	—
891	—	16	923	—	26	955	—	20	987	1	11
892	—	1	924	1	12	956	—	20	988	—	6
893	—	16	925	2	5	957	—	20	989	—	17
894	—	2	926	2	—	958	—	12	990	—	8
895	3	20	927	—	26	959	—	13	991	2	29
896	4	—	928	—	13	960	—	17	992	—	14
897	3	20	929	2	15	961	1	17	993	—	1
898	2	21	930	1	2	962	—	8	994	—	21
899	1	11	931	1	5	963	—	1	995	—	4
900	2	10	932	—	10	964	5	12	996	3	—
901	1	5	933	—	17	965	—	12	997	3	—

Druck von Bär & Hermann in Leipzig.